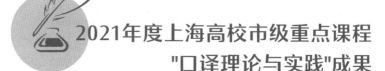

2021年度上海高校市级重点课程
"口译理论与实践"成果

Hands-on Instruction of Interpreting Notes

口译笔记实战指导

胡雅楠 / 著

苏州大学出版社
Soochow University Press

图书在版编目(CIP)数据

口译笔记实战指导 = Hands-on Instruction of Interpreting Notes：汉文、英文 / 胡雅楠著. -- 苏州：苏州大学出版社，2023.8
2021年度上海高校市级重点课程"口译理论与实践"成果
ISBN 978-7-5672-4460-3

Ⅰ. ①口… Ⅱ. ①胡… Ⅲ. ①英语-口译-资格考试-自学参考资料 Ⅳ. ①H315.9

中国国家版本馆CIP数据核字(2023)第116673号

Kouyi Biji Shizhan Zhidao

书　　　名：	口译笔记实战指导
	Hands-on Instruction of Interpreting Notes
著　　　者：	胡雅楠
责任编辑：	沈　琴
装帧设计：	吴　钰
出版发行：	苏州大学出版社（Soochow University Press）
社　　　址：	苏州市十梓街1号　邮编：215006
印　　　刷：	苏州市深广印刷有限公司
邮购热线：	0512-67480030
销售热线：	0512-67481020
开　　　本：	700 mm×1 000 mm　1/16　印张：11.25　字数：179千
版　　　次：	2023年8月第1版
印　　　次：	2023年8月第1次印刷
书　　　号：	ISBN 978-7-5672-4460-3
定　　　价：	49.00元

若有印装错误，本社负责调换
苏州大学出版社营销部　电话：0512-67481020
苏州大学出版社网址　http：//www.sudapress.com
苏州大学出版社邮箱　sdcbs@suda.edu.cn

前 言

口译笔记是口译中的一项重要能力，受到口译学习者的广泛关注。近几年来，口译笔记研究逐渐形成了以实证研究为主的自然科学范式。在国内，不少研究者通过定性和定量的方式来研究口译笔记内容与口译产出的关系（王文宇、周丹丹，2014；王建华、郭薇，2015），英语专业学生口译笔记（汤月婷，2016；李侠，2020），口译笔记困难（肖丽，2018）以及口译学员口译笔记特征和发展趋势（张志新，2018）。口译笔记研究的另一个热点就是基于口译量表的实证研究。2019年，穆雷、王巍巍和许艺基于2018年由教育部、国家语言文字工作委员会发布的《中国英语能力等级量表》，编制了《口译能力量表》，该量表从口译模式、口译条件、口译话题、口译认知和策略、口译质量等维度对口译能力量表进行了解读。

但是，口译笔记究竟该如何学？如何有效开展口译笔记教学？这两大问题仍然困扰着广大口译学员和口译教师。

基于此，《口译笔记实战指导》在前人研究的基础上，结合2022年"上海市第五届高校青年教学竞赛"人文科学组一等奖的参赛课程"口译理论与实践"的教学设计，系统梳理了口译笔记学习方法和教学方法，详细归纳了口译笔记的记录技巧和笔记教学设计要点，有效回应了口译笔记如何学以及如何教这两大难题。

在口译实践方面，本书精选五大常用口译主题，包括庆典致辞、文化教育、商务会展、科技前沿以及热点新闻。每个主题包含背景知识、相关词汇（和句子）、源语（发言）、目的语翻译、学生口译表现、学生口译评价与解析、学生口译笔记、学生口译笔记评价、教师示范及笔记讲解等。本书的所有案例均来自笔者15年来的教学实践，包含100多张口译笔记图和46篇学生口译笔记点评，其中对每张口译笔记图都进行了系统分析，包括口译笔记的记录原则、口译笔记的符号使用以及口译笔记的布局。学生口译讲评包括对学生口译质量的评价、口译笔记的优缺点分析，以期帮助口译学习者迅速掌握口译笔记的记录技巧。

全书包括六章，第一章"口译笔记的重要性"，总结了口译笔记的三大主要作用和四大主要特点。第二章"口译笔记研究综述"，通过梳理口译笔记的理论研究、实证研究、语言选择和量表研究，总结了当下口译笔记研究的最新发展趋势。第三章"口译笔记学习方法"，分析了目前口译笔记学习误区，并通过大量的实例分析，归纳了口译笔记的学习技巧和记录原则。第四章"口译笔记教学方法"提出了基于混合式翻转课堂理念的口译笔记教学理念，细化了课前、课中和课后的笔记教学步骤，强调了以问题为导向，激发学生自我反思以及同伴评价的口译笔记教学设计。第五章"口译笔记实战演练"通过五大主题的篇章口译练习，细致分析了学生口译笔记的优缺点，逐一提出了改进建议，并给出了教师的示范口译笔记和笔记讲解。第六章"口译笔记常用符号"总结了一套详细的笔记符号，包括各类货币、时间、度量衡、常用缩略语、字母、图像、符号，较长单词的速记符号以及机构简写等。

希望本书能给口译学习者切实的帮助，助力其备考各类口译考试。同时，也希望本书能为广大一线口译教师提供教学参考，期待一同促进口译笔记研究的发展。

值本书出版之际，感谢上海师范大学天华学院董事长邹荣祥先生、校长叶才福教授、副校长龚春蕾教授、副校长吴国兴教授、副校长陈新斌教授、校监兼初等教育学院院长史文教授、科研处常务副处长郑宁教授、人事处常务副处长曹卫女士对笔者一路的关心和支持；感谢上海师范大学天华学院陆建非教授对笔者的细心指导和鼓励；感谢初等教育学院英语专业的各位同学为本书提供丰富的案例；感谢苏州大学出版社对本书出版给予的大力支持。

本书为 2021 年度上海高校市级重点课程"口译理论与实践"的结项成果。

由于时间仓促，笔者个人水平所限，书中若存谬误，恳请各位读者批评指正。

胡雅楠

上海师范大学天华学院

2023 年 6 月

目录

第一章 1

口译笔记的重要性 / 001

第一节 口译笔记的作用 / 001

第二节 口译笔记的特点 / 003

第二章 2

口译笔记研究综述 / 008

第一节 口译笔记的理论研究 / 008

第二节 口译笔记的实证研究 / 010

第三节 口译笔记的语言选择 / 012

第四节 口译笔记的量表研究 / 015

第三章 口译笔记学习方法 / 016

第一节　口译笔记学习误区 / 016
第二节　口译笔记学习技巧 / 018
第三节　口译笔记记什么 / 020
第四节　口译笔记怎么记 / 026
第五节　数字记录技巧 / 029

第四章 口译笔记教学方法 / 033

第一节　课前教学设计 / 034
第二节　课中教学设计 / 037
第三节　课后教学设计 / 040

第五章 口译笔记实战演练 / 041

第一节　庆典致辞 / 041
第二节　文化教育 / 069
第三节　商务会展 / 097
第四节　科技前沿 / 125
第五节　热点新闻 / 141

第六章 口译笔记常用符号 / 158

参考文献 / 169

第一章 口译笔记的重要性

第一节 口译笔记的作用

在口译的过程中,我们经常会碰到各种各样的问题,比如演讲者语速过快,信息过于密集,专有名词多或者含有大量的数字。这个时候,我们就需要口译笔记的帮助。

什么是口译笔记?首先,口译笔记不是听写,更不是速记。若沿用听写的方式记口译笔记,必将漏译很多信息。其次,口译笔记不是速记符号的堆砌,口译笔记中不需要有很多速记符号,死记硬背很多符号只会导致分心。最后,口译笔记的训练需要循序渐进,先从逻辑划分入手,再学习边听边记录的技巧。

关于口译笔记的作用,巴黎释意理论的奠基者塞莱斯科维奇和靳代雷(1990)曾提出,交传口译笔记具有个性化以及暂存的性质。笔记的作用在于能帮助译员集中注意力,在使用笔记时为其做提示。

因此,口译笔记的主要作用可以体现在以下三点:一是减轻译员的认知负荷;二是有助于译员进行逻辑分析;三是调动译员的积极记忆。

第一,口译笔记能减轻译员的认知负荷。根据认知心理学的研究,人类的记忆主要由感觉记忆、短时记忆(工作记忆）和长时记忆组成。短时记忆是进入长时记忆之前的加工器，一般而言，可以维持 1 分钟左右，或者记住 5—9 个语言单位。如果源语超过 1 分钟，即便是经验丰富的专业译员也很难记住源语中的每一个信息要素。若是源语中出现数字，记忆将更难，因为数字不同于其他依赖语境或其他可辨认的语义信息，数字缺乏相关语境，会给记忆造成负担。同样，如果源语中出现不熟悉的专有名词，也会给译员造成压力。在这种情况下，如果能有效记口译笔记，就能减轻上述的记忆力负荷。

第二，口译笔记有助于译员进行逻辑分析。由于口译具有瞬时性的特点，因此，译员无法在听的当下进行过多的分析，而通过记录主要信息、逻辑关系等，译员可以进行前期语言信息的逻辑分析。在边听边记的过程中，译员一边记录关键词汇，一边迅速在脑海中进行源语的前期整理。因此，初学者可用画横线的方式来进行意群的分割，这是处理逻辑关系的第一步。采用意群分割可帮助译员迅速厘清逻辑关系。第二步，可适当学习一些常用的笔译符号。但不需要为了记而记，符号只是思维的载体，它只能辅助记忆，关键还是靠脑记。在口译中，成功的要素 70% 取决于脑记，30% 取决于笔记。因此，虽然笔记能帮助译员进行逻辑分析和源语整理，但是，如果太依赖于笔记，没有仔细听清源语，就很有可能面对满纸的笔记，出现记忆卡壳的现象。

第三，口译笔记调动译员的积极记忆。正如上文所言，笔记不是听写，不是学会一套速记符号后一字不落地记录，如果是这样的操作，那口译笔记将没有任何意义。因为被动的记录无法调动口译员的积极记忆，无法帮助口译员在边听边记的过程中，进行源语的整理及目的语的前期处理。口译笔记恰恰是运用首字母、单词的前两三个字母、符号、缩略语等记录关键词，从而加强口译员对源语信息的记忆。口译笔记与听写最大的不同在于口译笔记具有视觉效果，这里的视觉效果虽不似思维导图那样有视觉冲击性，但是能在口译的当下起到很好的辅助记忆的作用。总而言之，口译具有瞬时性。口记笔记是通过首字母、符号和缩略语提示译员主要信息，从而最终完成目的语的转换。

第二节 口译笔记的特点

口译笔记既然有减轻译员的记忆负荷,帮助译员进行逻辑分析和调动译员的积极记忆的作用,那口译笔记究竟有什么特点呢?笔者结合国内外众多学者的前期研究,总结了口译笔记的以下四大特点:在结构上呈现纵向排列的特点;在内容上呈现首字母、符号和缩略语结合使用的特点;在层次上展现逻辑性强和条理清晰的特点;在使用上具有个性化的特点。

第一,口译笔记在结构上呈现纵向排列的特点。不少初学者在第一次接触口译笔记的时候会习惯性地从左写到右,这是他们记笔记、做听写时候的习惯。但是,真正专业的口译员的口译笔记是纵向排列的,也有译员称之为以对角线的方式进行记录。为什么口译笔记需要纵向记录?为什么不能采用一贯的从左到右的方式?

我们来看下面的例子。

源语:我们这家合资企业度过了10年艰苦奋斗的历程。过去的10年,是辉煌的10年,是富有成果的10年,是我公司走向世界的10年。

目的语:Our joint venture has experienced ten years of hard struggle. This is a brilliant decade, a fruitful decade, a decade which has seen our company advance to the world.

译员笔记:

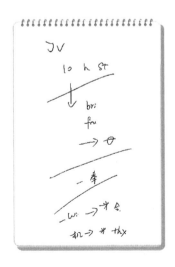

从这篇笔记中，可以很明显看到纵向排列的一个好处，就是容易判断句子的结构。英语中的"subject-verb-object"（主谓宾）结构能在纵向记录的笔记中被很快地识别，译员能迅速地找到句子的主语和宾语。不仅如此，这样记录的另一个好处是译员在很多情况下不需要记录谓语动词，只需要记录主语和宾语即可。比如，"我们这家合资企业度过了10年艰苦奋斗的历程"，可用"JV 10 h St"来表示"Our joint venture has experienced ten years of hard struggle"，可用"JV"表示"joint venture"，用数字10表示"10年"，用"h St"表示"hard struggle"，不需要记录动词"度过"。

第二，口译笔记在内容上呈现首字母、符号和缩略语结合使用的特点。首先，在记录的时候，特别是当源语是英语的时候，译员多用首字母或者单词的前两三个字母进行记录。比如在记录数字的时候，译员多用"M"表示"million"，用"b"表示"billion"等。

说到符号和缩略语的使用，这里不得不提到巴黎学派主张的"脱离源语言外壳"的记录技巧。该学派认为，译员接收的不是"直接现实"，而是译出语的语言信息系统，是其系统的表层信息符号，其深层概念的产生需要译员根据表层符号，并通过自己的分析，最终得出词语语义系统中的各类关系。（刘和平，2011）因此，译员真正需要记录的不是字或者词，而是其背后所蕴含的意思。我们可以将口译笔记也理解为摆脱文字本身的束缚，用首字母、符号和缩略语记录的带有逻辑意义的文本。所以，记笔记的时候一定要将符号系统化，一定要克制想要将单词记全的冲动，只需要记录关键的信息即可。

我们来看下面的例子。

源语：当今世界正处于百年未有之大变局。单边主义抬头，保护主义成风，各种不稳定、不确定因素增多。

目的语：The world today is undergoing profound changes unseen in centuries. Unilateralism is on the rise. Protectionism is rampant. Uncertainties and destabilizing factors are increasing.

译员笔记：

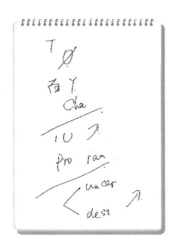

在这篇笔记中，有一些常见的专有名词，比如"单边主义"，在记录的时候，可用数字加上目的语"1 U"来表示"unilateralism"（单边主义）。同样，记录"保护主义"的时候，可直接写它的目的语"protectionism"的前面几个字母。除此之外，可用"ø"表示"世界"，用向上的箭头表示"抬头"和"增多"的含义。

在专业的笔记中，可以看出很多译员都有自己偏爱的符号和使用习惯。为什么译员喜欢使用符号？巴黎学派是这样解释的。首先，形象符号可以运用在各种语言中，比如用"＊"可以表示"good""brilliant""wonderful""marvelous"等含义。在遇到诸如"我们感谢你们的盛情邀请和绝佳安排"，译员可以用星星符号表示"盛情"和"绝佳"的意思。正因为符号不用和具体的词语相联系，而只和背后的词义相关，因此可以真正摆脱"语言的外壳"的束缚，进入意义的层面。其次，用符号记录速度很快，能节省时间，帮助译员迅速整理源语，而且看起来非常直观，便于后续的口译。

第三，口译笔记在层次上展现逻辑性强和条理清晰的特点。在记笔记时，可在每个意群后画一条线表示意思的结束。这对于分析和整理源语的语意非常重要。正是有了意群的分割，译员可以很清晰地在脑海中呈现整个篇章的上下文的逻辑关系。比如，后续若有和上文相同的表达，译员就可以用箭头符号下拉，表示重复。上下文如果有转折、递增、因果等逻辑关系，也可以用线条或者箭头进行表达。口译的逻辑性可以为目的语的输出提供很大的便利。

我们来看下面的例子。

源语：近 40 年来，中国坚持对外开放，实现了自身跨越式发展。展望未来，中国开放的力度将更大，惠及世界的程度会更深。

目的语：In nearly four decades, China has opened its arms to embrace the world and achieved "leapfrog development" in this process. Looking ahead, China will open still wider and its development will deliver even greater benefits to the rest of the world.

译员笔记：

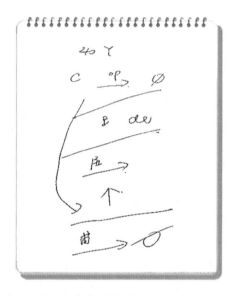

在这篇笔记中，可用一个向右的箭头（"→"）以及"ø"，表示"对外开放"。因为后面一句"展望未来，中国开放的力度将更大"，再次提到了"开放"，可用一个大箭头将上面的"开放"拉到下面，表示重复。当演讲者多次提到某个事物的时候，译员可以利用箭头表示相同的事物，既可以节省时间，又可以提示上下文的逻辑关系。除此之外，还可以用箭头符号表示各类逻辑关系。比如，这里的"展望未来"，可用"展"的上半部分加上向右的箭头符号，表示未来。

第四，口译笔记在使用上具有个性化的特点。每位译员对于符号的理解，对于逻辑关系的划分都是基于自己的认知和语言使用习惯的。对于英语专业学生而言，不需要也完全没有必要死记硬背所有符号。等熟练掌握后，这些符号将成为肌肉记忆，等到相似的表达出现，译员会自然而然地使用它们。要强调的是,口译笔记符号切忌现场随意编造,以免口译时一时紧张而忘记符号的含义。同时,过多地使用符号也会妨碍译员解码的过程,因此,口译符号不可贪多,现场编造断不可取,熟练掌握最为关键。

第二章

口译笔记研究综述

第一节 口译笔记的理论研究

说到口译理论研究,不得不提到著名的"巴黎学派",来自巴黎高翻学院的达妮卡·塞莱斯科维奇(Danica Seleskovitch)和玛丽亚娜·勒代雷(Marianne Lederer)于20世纪70年代提出了"释意理论",该理论对口译的发展,特别是口译笔记的发展起到了至关重要的作用。

塞莱斯科维奇和勒代雷于1984年提出了"口译三角模型"理论。在该模型中,三角形左右两端分别是源语和目的语,位于三角形顶端的是译员脱离语言外壳得到的意义。也就是说,口译不是一个简单从一种语言到另一种语言的转化,而是听到带有一定含义的语音,理解并领悟其中意思,理解丢掉原来的措辞,记住思想,最后用译入语表达。

虽然"释意理论"自诞生以来,影响力巨大,成为学术界的经典理论,但是自1986年的意大利的特里雅斯特口译大会后,学者们便开始对该理论进行反思。有学者认为,脱离语言外壳的概念很难验证。在中国,作为巴黎学派在国内的传承者,刘和平在《口译技巧——思维科学与口译推理教学法》一书中详细地阐述了该理论,她从翻译思维中的言语理解和言语生成特点来解释为什么译员接收的不是"直接现实",而是意义,其深层概念(所指事物)的产生需要译员根据表层信息系统的符号或言语链，通过大脑积极迅速的整合、分析、判断与推理，并在认知系统的不间断参与下最终解决词语语义系统中的各类关系。

根据脑神经学，当我们听到语音后，"首先会根据听辨到的语音提示，在语言记忆库网络中以该记忆库中对语义的提示性信息为查检'路标'，以非线性扫描性质的、脑神经突触之间'搭触式'的、瞬时的生物电脉冲查检为主要工作方式，在一定的脑区域内搜觅与这一语音对应贮存的语义信息，表现为一定电刺激下生物化学密码的解释"（刘和平，2011：3）。神经语言学家认为，"由于内部言语的压缩性质，大脑中一般只保存个别词及其潜在的联系，形成述语突触的树状特点。述谓结构的形成是语义转化为言语表述的一个重要环节……这点非常重要，它同口译中的记忆方法和笔记有直接联系"（刘和平，2011：5）。

正如刘和平所言，述谓结构的形成是语义转化为言语表达的一个重点，与口译笔记有直接联系。前几章就指出，口译笔记的记录方式是纵向的排列，之所以采用这样的方式，是因为不论是中文还是英语都有大量的"S—V—O"（主谓宾）结构。因此，译员采用纵向排列，就可以方便及时记录主语、谓语和宾语。

接下来，如何理解"脱离原语言外壳"？巴黎学派是这样解释的："口头陈述是转瞬即逝的。我们可以记住听到的整体内容，但却几乎忘记了陈述使用的词语……即席翻译译员之所以能够记住意义的各种细微差别，并自如完整地将其用母语表达出来，是因为他启用了一项基本能力，即在词语消失时记住理解了的内容。他摆脱了原语言形式。"（勒代雷，2001：11）

刘和平同样用交传笔记来证明这一过程的存在性。她认为，"在表达时，笔记上的文字和符号实际上只起提示作用，也就是说，笔记在译员表达时用于激活被动记忆，译员表达的不是笔记上的文字或符号，而是经过加工整合储存在记忆中的信息意义"（刘和平，2011：10）。

第二节　口译笔记的实证研究

近几年来，口译笔记研究逐渐形成了以实证研究为主的自然科学范式。在国内，不少研究者通过定性和定量的方式来研究口译笔记内容与口译产出的关系（王文宇、周丹丹，2014；王建华、郭薇，2015）；研究英语专业学生口译笔记和口译成绩的相关性（汤月婷，2016；李侠，2020）；研究口译笔记困难（肖丽，2018）以及研究口译学员口译笔记特征和发展趋势（张志新，2018）。

首先，来看口译笔记与口译产出的关系。王文宇、周丹丹（2014）分析了12名英语专业的学生在两次口译任务中记录的笔记内容与最终产出质量的关系。他们发现，12名同学基本能够把握原文的要点，但是口译笔记中仍然含有少量非重要的信息。90%的同学的口译笔记能够帮助他们回忆源语的信息。研究还发现，句首信息得到较多的记录，即使有时这些信息并不重要。由此可见，真正开始记录的时间并不是听到演讲者发言就急忙下笔，特别在展会以及礼仪庆典上，很多时候，前面的开场白都是惯用的表达，译员只需要抓大放小即可。

王建华、郭薇（2015）分析了口译笔记与非英语专业的学生交传质量的相关性。他们对60名非英语专业的被试进行了为期5周的强化训练，结果表明：学生笔记的缩略语和符号使用能力得到了提高；笔记训练提升了流畅性，但是并没有提升准确性，反而起到了抑制的作用。根据笔者自身口译教学经验，笔者也发现口译笔记并不适合口译的初学者，特别不适合在口译的初期直接进行笔记练习。因为这一阶段，同学们的听力水平有限，他们更多是要进行听辨的练习，等学生大致解决了听力的问题，教师才能开展口译笔记的教学。否则，学生们在学习了一些符号之后，会大量依赖笔记，而忽略了"听"这个关键的因素，反而顾此失彼。

其次，造成口译笔记困难到底有哪些因素？肖丽（2018）以30名高校英语专业大三学生为研究对象，运用了有声思维法调查他们在口译笔记中遇到的困难。她的研究发现，口译笔记的主要困难包括听不懂源语、笔记记录缺乏逻辑、注意力分配失衡等。从她的研究，我们不难发现，真正造成口译笔记困难的原因大部分来源于听辨困难。试想一下，如果无法理解原文，如何分析、整理、记录源语以及完成最终的口译呢？基于此，造成口译笔记困难并不在笔记本身，而是背后的语言基本功。老师需要回到问题的根源，提升学生的听辨能力和语块分析能力。

在针对英语专业学生的实证研究中，有研究者从高、低分组入手，研究其笔记与成绩的相关性；也有研究者从英汉和汉英口译任务入手，研究不同口译任务下英语专业学生的口译笔记特色。

汤月婷（2016）通过认知加工理论，对英语专业学生高、低分组的口译笔记和他们的口译成绩进行了相关性分析。她的研究发现，当源语为第一语言（L1）时两组笔记在完整中文、完整英文和符号使用方面差异显著，且与成绩正相关；而当源语为第二语言（L2）时，两组笔记在单个汉字、数字和符号使用方面差异显著，且与成绩正相关。她的研究还发现，高分组对目的语的使用远超低分组。这和之前学者们的研究相一致，因为使用目的语需要对源语进行现场转换，认知负荷较大，导致初学者或者水平有限的学生会精力分散。

李侠（2020）的研究也证明了这点，他分析了英语专业学生英汉双向交传笔记的特点，发现不论是英译中还是中译英，学生的笔记都呈现了使用源语记录及纵向记录的特点。在完成中译英的任务时，笔记发挥的作用更大。

张志新（2018）对口译学员口译笔记特征和发展趋势的研究发现，学员笔记中"主位-述位"上的核心词记录、符号和缩略语的使用与其口译水平呈同向发展趋势，整词记录量与口译水平呈反向发展趋势。该研究还发现，笔记量的多少和口译水平并没有直接关系，学员笔记的记录总量保持在一个相对稳定的值域。

从前人的研究中，不难发现，学者们对口译笔记的语言选择比较关注。大部分学者的研究成果表明口译学员比较倾向使用源语记录，因为源语更方便记录。

第三节　口译笔记的语言选择

口译笔记的语言选择一直是众多学者热衷研究的话题，但是关于笔记语言的选择，学术界向来存在一定的争议。以塞莱斯科维奇（Seleskovitch，2002）为代表的巴黎学派主张用目的语记笔记；丹尼尔·吉尔（Gile，1995）等学者从译员的信息处理负荷着手，主张用源语记录；而其他学者，如赫勒·达姆（Dam，2004）则认为主要笔记语言是译员的母语（A 语）。

在《口译技巧——思维科学与口译推理教学法》一书中，刘和平建议用译入语进行记录，她说，口译的目的是训练从听到的语音中抓住其承载的意义，可以真正做到"脱离原语语言外壳"。她在书中研究学生的笔记，发现她的学生除了第一句用了源语记录外，后面都用了目的语和符号进行记录。其笔记结果证明了意义的存在，只有记录的时候实现语言和意义的分离，抓住深层意思，才能保证笔记的逻辑性。除此之外，罗赞（Rozan，1956）和米克尔森（Mikkelson，1983）都支持使用目的语记录。因为这样可以帮助译员在听的过程中强化对源语的处理，从而方便目的语的产出，还可以提升译文产出的速度和质量，减少源语对目的语转化的影响。

虽然，目的语记录有众多的好处，但是不少学者仍主张用源语进行记录，吉尔（Gile）从认知负荷入手，提出口译过程就是译员的认知处理资源在各种操作之间有效的分配和协同的认知管理过程。因此，用目的语可能会对译员造成较大的负担，例如，由于听辨阶段的认知负荷，无法有效协调多重任务，影响其他任务的正常运作。除此之外，在上下文语境不充分的情况下，译员的理解可能会出现偏差，如果一味地用目的语进行记录，无法保证其准确性。

当学者们对究竟应该使用目的语还是源语记录争论不休的时候，有学者另辟蹊径，从新的角度来探索笔记语言。2004 年，达姆（Dam，2004）跳出了目的语和源语的束缚，提出了笔记语言与目的语和源语的关系不大，但与译员的母语（A 语）或者非母语工作语（B 语）有关，并认为应该占主导的语言是译员的母语。

国内学者关于口译笔记的语言选择也存在不同看法。戴炜栋、徐海铭（2007）的研究发现，职业译员笔记使用的目的语比非职业译员多。徐琦璐（2011）的试验结果表明，译员笔记语言是由语言的组合状态决定的，主导译员笔记语言的是 B 语言。陈媛（2015）的研究发现，当一语为源语、二语为目标语时，译员无疑将选择源语作为笔记语言；当二语为源语、一语为目标语时，译员的语言选择则取决于这两个因素共同作用的结果。高彬（2019）通过对比初级、中级和高级口译学习者的英汉双向交替传译笔记，发现源语仍然是主导语言。

戴炜栋和徐海铭（2007）在对比了职业受训译员和非职业译员的笔记稿后，发现在源语使用数量上，职业受训译员笔记中使用的源语数量不如非职业译员多，但使用的目的语数量比非职业译员多。这个研究证实，相比较非职业译员，职业受训译员在经过长期培训后，听辨能力强，能在短时间进行源语分析和整理，并倾向使用目的语来提升译文产出的效率。

徐琦璐（2011）的实证研究有了更有趣的发现，她的实验结果发现译员笔记语言并不是由源语和目的语决定，而是由 B 语言（实验中，A 语言是中文，B 语言是英语）决定。这点和达姆（Dam，2004）认为的译员倾向选择的 A 语言相反。她的研究发现，在英译中的情况下（即英文是源语，中文是目标语），5 名专业译员笔记的总体趋势都是记录英文比中文多，同时专业译员的笔记单位数量总数相差不大，但 5 名学生译员笔记的总量各不相同，少的只有 98 个，多的则记录了 150 个，最大值与最小值相差甚远。说明相比较专业译员，学生译员在听和理解上有着较大的差异。之所以该研究的结果和达姆的相反，徐琦璐也给出了解释，她认为，中文和英文的差异比达姆实验中的西班牙语和丹麦语的差异要大得多，语言结构组合的不用导致了记录语言的不同。

陈媛（2015）在四年后也进行了相同的研究，相较徐琦璐选择专业译员和学生译员，她的 8 名被试均为英国某大学口笔译硕士专业的学生。她的研究发现，当二语译入一语时，5 名被试倾向于使用二语记录，3 名被试偏向于使用一语记录。在二语译入一语中，被试平均使用了 44 个英语（源语、二语）笔记字符，34 个中文（目标语、二语）笔记字符。由此可见，源语言仍然是口译专业学生常用并且习惯的记录方式。这和徐琦璐（2011）的研究中的学生译员惯用源语的研究发现相一致。

因此，不同阶段不同水平的译员，他们的口译语言选择会有不同。高彬（2019）通过对比46名初级、中级和高级口译学习者的英汉双向交传笔记，并统计了每组笔记的单词总量、词组数和中英文词组占比情况后，发现源语是三组受试的口译双向笔记的主导语言，口译学习者专业水平越高，目的语比重越大。

第四节　口译笔记的量表研究

目前，口译笔记研究的另一个热点就是基于口译量表的实证研究。2019年，穆雷、王巍巍和许艺基于2018年由教育部、国家语言文字工作委员会发布的《中国英语能力等级量表》，编制了《口译能力量表》，该量表从口译模式、口译条件、口译话题、口译认知和策略、口译质量等维度对口译能力量表进行解读。

目前，基于口译量表的研究已经成为众多口译研究者关注的最新热点。例如，周金华、董燕萍（2019）基于《口译能力量表》，研发出了《口译笔记熟练量表》，他们通过研究文献、学员日志以及访谈，最终完成了包括了4个维度和21个题项的《口译笔记熟练量表》。4个维度涵盖了听记的协调性、笔记的时效性、笔记的系统性及笔记的使用。

刘喜玲（2019）基于《中国英语能力等级量表》提出了以技能训练为中心的口译教学模式，她提出了在量表的指导下，英语专业的口译教学需要与先进的信息技术手段相结合，创新教学模式，匹配人工智能时代以及"互联网+"时代的学习模式，创建真实的学习语境互动，从而提升学生的课堂参与度。

王巍巍、王轲、张昱琪（2022）基于《口译能力量表》，运用人工智能（AI）技术研发了可以应用于口译教、学、测的口译自动评分系统。研究显示，AI算法模型1.0和人类评审在同质口译学生群体中打分的Pearson相关系数为0.95。该研究认为，利用AI算法模型实现口译量表工具化、开展口译自动评分具有一定的可行性。该研究作为"AI+口译"技术的先行者，具有一定的创新性，也为学者研究如何通过高科技进行口译自动评分带来了思路。

第三章

口译笔记学习方法

第一节 口译笔记学习误区

在讲解口译笔记学习技巧和口译笔记记录原则前,笔者总结了初学者学习口译笔记通常存在的四个误区。第一个误区是认为学习口译笔记就是学习速记符号。第二个误区是认为记口译笔记需要一字不落地记录所有信息。第三个误区是认为在所有口译场合,做口译时都需要记口译笔记。第四个误区是认为口译笔记学习应该在口译课程的一开始就开展。

第一个误区就是认为学习口译笔记就是学习速记符号。很多同学在初学记口译笔记的时候,特别是看到很多专业口译员的笔记后,会有畏难情绪,例如,担心自己记不住那么多口译笔记符号。但正如上文所说,口译笔记是译者摆脱"语言的外壳"束缚的过程,是经过对信息的整理和分析后,用符号、缩略语、首字母记录等方式重现源语信息。这是经过口译员思考、分析和综合的结果,体现了译员当下对源语的语义理解。口译笔记中的符号是必要的,但是口译笔记的学习不是简简单单地学习几十个速记符号。首先,仅学习速记符号对于源语的理解没有帮助,很多同学在学习记口译笔记初期,洋洋洒洒地记下一堆速记符号,但到了真正口译的时候,犯了难。出现这样的状况很大程度上就是过于依赖笔记，反而让笔记妨碍了自己对源语的理解。其次，虽然口译界关于具体要求掌握多少个口译笔记符号没有统一的说法，但从总结的前人的研究成果来看，大部分同学在一个学期的学习后，基本上能熟练掌握10多个符号。对于英语专业的学生而言，熟练掌握15个左右的速记符号足以。即便对于专业口译员来说，20至30个速记符号就绰绰有余了。因此，速记符号的数量不是最关键的，最关键的还是对速记符号掌握的熟练度。

第二个误区就是认为记口译笔记需要一字不落地记录所有的信息。对于很多英语专业的学生来说，他们从大三开始学习口译，因此比较习惯用听写（dictation）的方式来记口译笔记。一些初学者很不习惯用首字母的方式记录，记笔记的时候倾向记全每个单词。一般而言，很多同学需要学习3—4周才能慢慢掌握技巧。因此，记笔记时千万不能追求记录发言者的每一个单词，否则将失去记口译笔记的作用。笔记要记什么？笔记更多是记录源语的逻辑和关键字词，要学会抓取源语信息中最关键的部分，而不是追求面面俱到。

第三个误区就是认为在任何情况下，做口译都需要记口译笔记。其实，在一些口译场合，译员并不需要记口译笔记。例如，陪同口译及大部分情况下的同声传译。在这些场合下译员需要牢记发言人所讲的内容，并在当下尽量用"顺译"的技巧进行口译。

第四个误区就是认为口译笔记学习需要在口译课程的一开始就立刻开展。许多研究者不建议初学者，特别是听力水平有限的同学一开始就学习记口译笔记，试想一下，如果听力都没有过关，连理解源语都费劲，如何开展笔记的记录？因此，笔者建议同学们可以根据自己的实际情况，在进行口译的时候，如果感觉自己的听力能力欠缺，可以暂时不记笔记，而是将注意力集中在听上，多加练习后，再开始进行记口译笔记的训练。

第二节 口译笔记学习技巧

口译笔记学习没有捷径，但是在学习技巧上，还是有一些建议可供大家参考。

第一是学习工具的准备。常言道，工欲善其事，必先利其器。首先是口译笔记本的选择。一般而言，建议同学们用线圈装订竖翻页的笔记本，最好是硬质封面的那种。竖翻页相比较一般的横翻页的笔记本，操作起来更方便，硬质封面和封底可以保证书写时更平整，因此广受专业口译员的喜爱。当然，如果同学们平时进行练习的时候用 A4 纸，可以将 A4 纸一折四，这样可以均匀地将其划分为四个区域，练习的时候可以快速扫视。其次是笔的选择。在进行记录的时候，书写流畅的笔是非常重要的。一般不建议用钢笔或者铅笔，因为前者容易漏墨，后者字迹容易看不清晰，最好就是普通带弹簧的黑色中性笔或圆珠笔。

第二是平时练习的技巧。在吴钟明老师的《英语口译笔记法实战指导》中，提到"在入门阶段可以采取'专一战术'，即对一套有代表性的材料进行反复练习……据统计，该阶段的练习量为 250 张练习纸，即分为 4 格的 A4 复印纸正反两面，约为 50 个带时。然后再进入'题海战术'阶段来巩固笔记的体系"（吴钟明，2019：10）。以一个学期 18 周的课时量为例，一周的训练量必须在 10 张练习纸以上。为了让学生更有动力，建议教师们在口译线上课程开设"学生口译笔记周周练"板块，鼓励同学们将每周所练习的笔记上传，互相分享自己的记笔记心得。对于想要考口译证书的同学，平时练习可以用上海市中高级口译或者 CATTI［全国翻译专业资格（水平）考试］的原题；对于不准备考证但想提升自己口译水平的同学，建议选用一般性题材进行练习。比如，语速中等的演讲或者电视访谈。笔者推荐可以用《中国日报》(*China Daily*) 双语新闻的材料，既学习了热点新闻的相关表达，又可以将其作为很好的听力材料。对于选用"TED talk"以及其他听力材料的同学，需要注意尽量选择有双语字幕的，这样可以方便了解自己口译的准确度。坦率地讲，口译课程对于很多英语专业的学生来讲具有一定的难度，光靠课上的练习以及课后的作业是远远不够的，所以学生在课下要利用课余时间多多练习。这里，笔者会采用"榜样的力量"及"课程加分"这两个激励方法。所谓榜样的力量，就是会邀请上一届或者同届拿到口译证书的同学和大家分享自己的口译练习经验，这样做非常有效果，因为同学们都希望自己能多一张证书来提升自己的就业竞争力。光靠老师说，可能效果一般，但是如果看到身边的同学通过每周的口译练习而顺利拿到证书，那将是非常具有正能量的激励。课程加分激励法就是给每周坚持练习记口译笔记的同学，加平时成绩。对于本身基础一般，但是通过不断练习而取得较大进步的同学，可以进行全班表扬。

第三是需要经常进行反思。学生在订正口译作业的时候，一定要注意这一点，那就是针对自己听错的单词及误译的部分进行反思和总结。有时候，由于紧张或其他因素，学生在一些简单词的记录上也会出现失误，这个时候就要课后总结一下。比如，一位同学在听到"I hope this dialogue will be a sincere and candid one"，误译成了"我希望这次对话是坦诚和友善的"。为什么会出现这样的失误呢？原来他将 candid 听成了 kind。所以，边练习边反思是口译学习非常重要的环节。同时，笔者建议除了自我反思外，同学之间可以做好同伴评价，从而帮助自己了解自身记口译笔记存在的问题，从而提升自己记口译笔记的技能。

第三节 口译笔记记什么

前面章节讲述了口译笔记的重要性、口译笔记的特色及口译笔记的学习技巧，本节将具体分析口译笔记究竟要记什么。

首先，口译笔记需要记录关键词。关键词的定义其实比较模糊，因为口译笔记是基于译员对源语的理解和记忆上的，只要口译笔记能帮助译员回忆起源语信息，任何能激起其记忆的元素都可以成为关键词。但是，大部分情况下，译员都会关注主语、谓语、宾语、专有名词及数字等。在记录这些关键词的时候，我们一般采用首字母、单词的前两三个字母、符号、缩略语等来进行记录。

这里，笔者会介绍自己最常用的一些符号，供读者们参考。

（一）符号

□ country
: say, speak
? question, issue
☆ important, best, outstanding
! danger, warning
& relationship
× wrong, mistake, bad
√ good, correct
= the same as, equal to
> more than, exceed, surpass
< less than, inferior to
+ plus, add, besides
− minus, deduct
↑ rise, go up, increase, grow, expand, develop
↓ decrease, drop to, go down, descend
→ lead to, export to
← come from, originate from, import from

（二）缩略语

JV：joint venture
R&D：research and development
FDI：foreign direct investment
EU：European Union
APEC：Asia-Pacific Economic Cooperation
CIIE：China International Import Expo

更多口译笔记符号，会在第六章呈现。但是，口译笔记带有个人特征，因此不需要去特别记很多符号，重点记15—20个常用的符号即可。当然，很多初学者对重点词的记录也会有不同的想法，虽然一般而言，译员主要会关注主谓宾。但是，很多情况下，需要具体情况具体分析。

源语：我们要推动科技创新和制度创新两个轮子一起转，让新技术、新业态、新模式不断开花结果，最大限度释放发展潜能。

译员笔记：

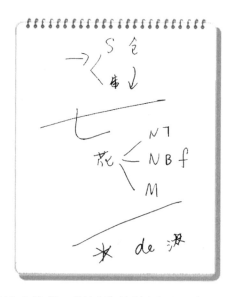

这段话逻辑性比较强，源语的关键词可以有以下几个："科技创新""制度创新""新技术""新业态""新模式""开花结果""发展潜能"。可以看到，笔者在这篇笔记中采用较多是源语和目的语同时记录的方式来记录这些关键词。相比较动词，笔者更关注名词。动词和副词则一般用箭头等符号表示。

比如,在这篇笔记中,笔者用"S 创(创只写左半边)"表示"科技创新",用目的语"NT","N B f"以及"M",分别表示"new technologies""new business forms""model"。在记录"制度创新"的时候,笔者只写了"制"的左半部分。一般而言,在记录中文的时候,译员不会记全,只记录上半部分或左半部分,以便节省时间。动词虽然对理解源语也很重要,但是笔者一般不用特意去记录动词。比如,这边的"推动",笔者就用向右的箭头符号表示。再看最后半句,"最大限度释放发展潜能",笔者只用"de"来表示"发展",只记录"潜"的左半部分和上半部分。对于副词"最大限度",可用符号"※"表示。

再来看以下这个例子。

源语:Games are taking over London from bars and exhibition halls to this giant monopoly board in the iconic Trafalgar Square, even the mayor is becoming a digital *Minecraft* character.

目的语:电子游戏正风靡伦敦,从酒吧到展厅,再到地标性的特拉法加广场上的巨大的大富翁游戏,甚至是市长也成了电子游戏《我的世界》的游戏角色。

译员笔记:

在这段源语中,关键词包括"Games""London""bars""exhibition halls""monopoly board""Trafalgar Square""mayor""*Minecraft* character"。我们可以看到这些词有一些是专有名词,如地名"Trafalgar Square"(特拉法加广场),还有一些是游戏的专有名词,比如"*Minecraft*"(《我的世界》)。在记录这些关键词的时候,初学者可以多用源语进行记录。一是因为该篇是新闻,语速较快,所以用源语记录可能相对简单。二是因为这篇新闻有大量的专有名词,后续处理信息需要更多的时间,所以可以先用源语记录下来,后面再想对应的译文。

在记录这些关键词的时候,笔者基本上是用首字母进行记录。首字母记录有利有弊,优点在于记录快,简单明了,适合语速较快的源语;缺点就是回看笔记时,可能会忘记首字母的含义。因此,用首字母记录关键词需要依赖大脑的记忆,需要非常专注地听,首字母仅用于提示作用。比如,笔者用"G"表示"games",用"B"表示"bar",用"Eh"表示"exhibition hall"。该段源语有一个部分比较难,"… to this giant monopoly board in the iconic Trafalgar Square",这个部分该如何记录关键词?可先用符号来表示 giant 的含义,然后用首字母记录"monopoly board",一定要记住后面的介词 in,如果没有在大脑中记忆这个介词,只抓住两个名词的话,口译的时候容易将后面的地点状语遗漏。因此,笔者在记录这两个名词的时候,地点状语就直接写在下方,表示坐落在特拉法加广场上的大富翁游戏。当然,这里还有一个形容词 iconic 也是需要记录的,可用一个小星星符号来表示"地标性的"。

有时候,在源语中会出现重要的专有名词,记录的时候,可以用缩略语或缩写来表示,后面再次出现可以用箭头来指示重复的内容。

我们来看下面这个例子。

源语:We'll try to arrange some online contacts, our export associations and the Chinese counterparts in this China International Import Expo.

目的语:我们尽量在此次进博会中安排一些线上联系,包括我们的出口协会与中国同行的联系。

在记录"China International Import Expo",可以用"CIIE"这样的缩略语进行记录。同样的,在记录一些机构、组织等信息的时候,也可以用缩略语来表示。很多时候,发言人在后续的演讲中,会经常重复这些专有名词。因此,可以在第一次出现专有名词的时候使用缩略语或缩写。后续如果再次出现,可以采用两种方式记录。第一种,如果在同一页面,用箭头符号来指示重复的内容。第二种,如果多次出现,后面就可以用首字母来表示。

接下来是关于逻辑关系的记录。逻辑关系的记录相比关键词的记录而言,需要口译员对源语信息有整理和预处理的能力。一般而言,逻辑关系包括转折、递进、来源、因果等。在听源语的时候,需要记录这些逻辑,这对目的语的输出非常重要。

在记录逻辑关系的时候,建议多用一些表示逻辑的符号。比如,表示转折,可用"Δ";表示递进,可用"+";表示上升,用"↑";表示下降,用"↓";表示因果,用"→";表示来源,可用"←"。总而言之,箭头是较为常见表示逻辑关系的符号,它可以有很多的用处,箭头的指向可以表示因果关系、上下文的连接关系、事情的开始和终结、动作的起始和结束以及事物发展的趋势。

笔者曾经做过一项课堂小调查,同学们在一个学期口译笔记的学习后,表示他们的箭头使用频率是最高的。原因可能有以下三个:一是相比较其他的口译符号,箭头的使用很便利,也很容易掌握。二是同学们较容易抓取源语中表示方位、趋势、因果等逻辑关系,并用箭头来表示。三是人们更倾向视觉化的记忆,口译笔记是视觉化的辅助,相比较文字等,箭头、横线更容易识别。它们仿佛大脑中枢的神经突触,可以连接各个意群。因此,大部分译员都热衷于使用箭头。

逻辑关系的记录还有一个部分很关键,就是意群的分割。虽然没有分割意群的笔记如果能记录清晰,也不影响目的语的输出。但是,建议初学者要有意群分割的意识。理由有以下两个:第一,当一句话或者一个意群结束后,译员需要用一个记号表示一段话的结束,特别是在段落及篇章的末尾,这里的记号就可以用斜线或者横线表示。第二,分割好的意群将有助于译员理解并快速整理源语,如果前后有相关主语的重复,或者前后有逻辑关系,可以用箭头将几个意群联系起来,组成整篇口译笔记的脉络。

如果说关键词对于口译笔记而言是人体的各个器官,那箭头和意群分割就是人体的神经系统,只有两者共同作用,才能发挥笔记真正的作用。

综上所述,源语中的关键词可以是主语、宾语,也可以是专有名词、数字，还可以是动词或者形容词等。可能有读者会问："那还不是需要面面俱到？"其实不然，译员在记口译笔记的时候，其实更多的是需要专注地听，然后记录自己认为重要的信息，关键词应该是因人而异的。因此，教师的示范笔记只能供参考，同学们更多的是需要学习如何建立自己的口译笔记系统，建构符合自己认知思维的记笔记习惯。在这里，笔者给读者一个小小的建议，不必拘泥于关键词到底是什么，也不必烦心逻辑该如何记录，拿起笔，打开录音，选择适合自己难度的听力材料，先做上100篇练习。然后，再将这些内容回看，会有意想不到的收获和茅塞顿开的领悟。

第四节 口译笔记怎么记

上一节提到了口译笔记需要记录关键词和逻辑关系,这一节将具体分析口译笔记的记录方法。

一般而言,口译笔记有以下记录技巧:一是采用对角线记录法;二是左留空,记逻辑关系;三是巧用符号记录;四是关注开篇和结尾。

第一,对角线记录法。前几章谈到了口译笔记需要纵向记录,说得更精准一些,就是将句子中的主语、谓语和宾语分别记三行,主语第一行靠左,谓语第二行居中,然后宾语第三行靠右。这样的记录方式就是译员常说的对角线记录法。

源语:中国与中东欧国家合作具有广阔的发展前景。

目的语:The cooperation between China and Central and Eastern European (CEE) countries promises broad prospects.

译员笔记:

这里采用了对角线记录法,主语"The cooperation between China and Central and Eastern European (CEE) countries"比较长,可用"CEE"表示"Central and Eastern European countries",用"&"表示"cooperation"。宾语"广阔的发展前景",可用"* Pro"来表示。谓语动词"具有",并没有记录,因为译员可以从主语和宾语的记录中分析出来谓语动词。从呈现方式来看,这个笔记呈现对角线的纵向排列形式。

第二,左留空,记逻辑关系。很多译员在记口译笔记的时候,喜欢留白,大部分的专业口译员习惯在纸张的左侧留白,有的会特意画出一列用于记录逻辑关系。

源语：One of the pitfalls that come with online materials is that they're not always reliable. Libraries are usually where that "evaluation" happens. Besides, people still need the physical space provided by a library.

目的语：在线资源的一大问题在于它们并非总是可靠的，因此，"检验评估"通常需要在图书馆里完成。此外，人们还需要图书馆所提供的实体空间。

译员笔记：

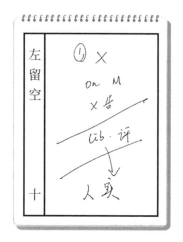

在这篇笔记中，笔者用一个 1，周围画个圈，表示源语中"one of the …"。同时，笔者用"+"表示"Besides"。一般而言，左留白可以帮助译员清晰地划分源语的逻辑，从而更快进行目的语的翻译。

第三，巧用符号记录。这一点在上一节已经介绍过，译员可以用数学符号、缩写或缩略语、表示逻辑关系的箭头等来进行记录。在用符号记录的时候，一定要记住，不要随意地使用符号，也不要现场现编符号。符号是译员在脱离语言外壳后，对源语的意义进行提炼而形成的象征。比如，小星星符号就可以表示一切与"美好"相关的含义。同样的，"√"符号可以表示积极、正面的含义，反之"×"就可以表示负面、否定的含义。之前，笔者在课上就给学生举过这样的例子"Badly injured in the car crash, David was the only survivor."在记录前半句"badly injured in the car crash"，笔者没有用首字母，而是用半对半错的符号"√×"表示"badly injured"。如果说"√"表示"活着"，"×"

表示"不幸遇难",那这个自创符号就可以表示"重伤"的含义。笔者一举这个例子,同学们马上就能了解,而且印象非常深刻。

第四,关注开篇和结尾。如果说同学们在阅读的时候,很注重篇章的开头和结尾,那么在记口译笔记的时候,也需要特别关注源语的头尾两端。通常情况下,开篇,特别是演讲的开头,会有一些惯用的表达,译员需要特别注意类似的表达。平时练习的时候,可以多积累一些相关的词汇和句型,这样可以保证在现场进行口译的时候,做到"家中有粮、心中不慌"。当我们开始口译的时候,可以先不着急记录,因为要给大脑一点时间来适应大量的信息输入,当大脑准备好了,就可以进行记录了。常言道,"纸上得来终觉浅,绝知此事要躬行",这个节奏感译者只有在大量的练习后才会有切身体会。学记口译笔记如同学习一门手艺,熟练度决定了日后的专业程度。没有量的积累,只学些技巧的皮毛,是没有办法掌握记口译笔记的要领的,因此,口译学习的前期需要做大量的听力练习及边听边记的训练。

第五节 数字记录技巧

在口译中,数字口译对于大部分同学,特别是初学者而言是有难度的。英语的数字表达与汉语大不相同。中文是四位数为一个计量单位,而英语是三位数为一个计量单位。因此,在数字口译过程中,需要特别注意中文与英语的数字表达方式。

首先,表3-1将英汉数字的表达方式对照排列起来,可以帮助我们了解两种语言在数字表达上的区别。

表 3-1 英汉数字表达

阿拉伯数字	英语	汉语
1	one	一
10	ten	十
100	one hundred	一百
1,000	one thousand	一千
10,000	ten thousand	一万
100,000	one hundred thousand	十万
1,000,000	one million	一百万
10,000,000	ten million	一千万
100,000,000	one hundred million	一亿
1,000,000,000	one billion	十亿
10,000,000,000	ten billion	一百亿
100,000,000,000	one hundred billion	一千亿
1,000,000,000,000	one trillion	一兆(万亿)

在记录数字的时候,译员一般会采用缩写来表示,比如,用"b"表示"billion",用"M"表示"million",用"K"表示"thousand"。中文数字则是4个数为一组,因此,可以在万位和亿位后画一条线来表示。用标点符号来标记数位。英语可用",",中文用"/"。

我们来看下面的例子。

(1) 2,873,000,000

中文读作：二十八亿七千三百万

英文读作：two billion, eight hundred and seventy-three million

缩写：2b 873M

分析：当听到二十八亿，很多同学就直接写 28 亿，然后记笔记时会误写成"28b"。这里的难点就是，在英文中，十亿是"billion"，因此，转换成中文就有了难度。这里的笔记如果很难记成"2b 873M"，建议先把数字记下，然后再进行口译。

(2) 850,000,000

中文读作：八亿五千万

英文读作：eight hundred and fifty million

缩写：850M

分析：这个数字难点在亿的处理上，同学们一定要牢记，一个亿是"100 million"，因此，八亿五千万就是"850 million"，记录的时候可以简化成"850 M"。

(3) 31,289,000

中文读作：三千一百二十八万九千

英文读作：thirty-one million, two hundred and eighty-nine thousand

缩写：31M 289K

分析：这里要注意"千万"的表达，"一千万"是"10 million"。因此，"thirty-one million"，就是"三千一百万"。然后，可用"K"表示"thousand"，"two hundred and eighty-nine thousand"就是二十八万九千。

以上例子中，记录数字时采用缩写的方式，其实很多情况下，如果同学们来不及反应，建议直接将数字记下来，然后在口译的时候进行转换。

我们来看下面的例子。

源语：中国每年新增劳动力 1000 万，下岗和失业人口大约 1400 万；进城的农民工一般保持在 1 亿 2000 万。

目的语：Every year, we will have an additional 10 million new entrants into the workforce, and the number of laid-off and unemployed workers stands at about 14 million. The size of migrants who seek job opportunities in the cities is 120 million.

译者笔记：

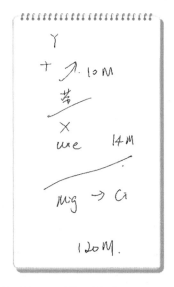

在记录这段源语的时候，要特别留意 1000 万以及 1400 万的数字主体是什么。前者是"每年新增劳动力"，这边可用"+ ↑ 劳"来表示；后者是"下岗和失业人口"，相对比较简单，所以可直接用目的语加上符号来表示，用"× une"表示"laid-off and unemployed workers"。记录数字的时候，可直接用"10M"和"14M"来分别表示"ten million"和"14 million"。

这里需要特别强调的是，在记录数字的时候，除了留意数字的准确性，我们切记要将数字的单位记录下来。

我们来看下面的例子。

源语：Australia, with its landmass of 7,686,850 square kilometers, or 2,967,893 square miles, has a population of 18,742,000.

目的语：澳大利亚陆地面积有 768 万 6850 平方千米，或 296 万 7893 平方英里，有 1874 万 2000 人口。

译员笔记：

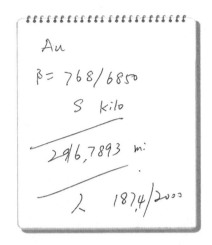

这篇源语的数字比较复杂，因此，在记录的时候，可直接把数字写下来，然后根据中文四位一斜线的方式，快速画好横线，从而方便后面目的语的输出。这里需要注意的是两个数字 7 686 850 以及 2 967 893 后面跟的单位，前者是平方千米，后者是平方英里。

同时，数字后面的计量单位是非常重要的，毕竟不同的计量单位之间有巨大的差异。因此，译员要听清楚结算的单位究竟是什么，是美元、欧元还是人民币，抑或是其他的货币单位，以免造成误解。

数字口译虽然难，但是笔者相信，只要坚持练习，养成英语三位一逗号、中文四位一斜线的记笔记习惯，就一定可以攻破数字口译的难关。

第四章

口译笔记教学方法

作为口译教学的重要组成部分，口译笔记教学可以根据学生的具体情况，分为贯穿于整个学期的口译笔记教学和集中的几周笔记技巧教学。若学生整体英语听力水平较一般，一般不建议一开始就进行记笔记的训练。在这个阶段，听懂源语才是最为关键的。教师可以先进行听辨能力、记忆能力的训练，从简单的无笔记句子口译练习开始，再逐步过渡到口译笔记的训练。等真正开始口译笔记的训练，教师需要做好课前、课中及课后的设计，以便帮助学生们更好地掌握口译笔记这项技能。

在口译笔记的教学中，建议教师们采用混合式翻转课堂的模式。这里需要明确一个概念，翻转课堂不是为了翻转而翻转，也不是简单等同于让同学们提前观看视频。考虑到目前口译教学课堂时间不足以让学生熟练掌握口译技巧，特别是像口译笔记需要大量的练习时间，因此，搭建好一个基于翻转课堂的口译笔记教学模式尤为重要。

第一节　课前教学设计

正如在口译之前，译员们需要做好译前准备，在正式进行口译笔记的教学之前，教师需要做好课前的翻转设计。首先，教师需要提供口译材料的背景知识和重点词汇，帮助学生做好译前准备。其次，教师需要根据口译笔记教学视频，设计相关的理解题，让同学们事先观看视频并在学习中心提前作答相关问题。最后，教师需要根据学生上传的口译作业及口译笔记，提前整理好同学们在口译笔记中存在的共性和个性问题。

首先，课前提供口译材料的背景知识和重点词汇，也就是课前给学生布置口译作业。这点非常重要，不建议让学生一进课堂就直接看视频进行口译，学生需要对口译材料的背景有一定的了解，这样才能帮助他们更好地进行口译。同样，教师也需要提供口译材料中的重点词汇，包括专有名词，如地点、场所、公司名等不需要学生额外去记忆的单词。

比如，在布置与元宇宙（metaverse）相关的口译作业前，笔者先给学生们梳理了一小段关于元宇宙的起源及发展的小视频，帮助他们理解所要口译的内容。同时，笔者也交代了视频中出现的公司名称 XPD Media 及重点词汇 "avatar"（该词源自印度梵语，本意是指"分身、化身"，后成为网络虚拟角色的代名词）。再比如，目前人工智能技术更新迭代极快，出现了 ChatGPT（美国人工智能研究实验室 OpenAI 新推出的一种人工智能技术驱动的自然语言处理工具）。因此，在让同学们口译相关内容前，笔者会收集一些有关 ChatGPT 的内容，让学生提前了解。

其次，建议教师提前根据教学视频设计相关的理解题，让同学们事先观看视频并在学习中心提前作答。关于教学视频，笔者推荐"欧盟-亚欧口译培训合作项目"中"口译项目多媒体教学资料"，该系列微课内容短小精悍，讲解到位，既有口译现场的模拟、外教的讲解，还有对各位口译专家的采访。针对口译笔记，笔者会选取其中口译笔记的相关视频，提前给学生布置理解题。例如，在其中的第四讲"Note-taking"，笔者会提前布置两道理解题：（1）"What are some wrong practices of note-taking?"（2）"According to the experts, what are some guidelines in note-taking?"

除此之外，建议教师自己录制相关口译笔记的微课，供同学们事先学习，并提前完成相关练习。根据笔者近几年口译课程的评价问卷，超过80%的学生反映这样的技能翻转效果很好，既能节约课内宝贵的时间，又能提高学生的自主学习能力。

最后，教师需要根据学生上传的口译作业及口译笔记，提前整理同学们在口译笔记中存在的共性和个性问题，为下节课的课上讨论提前准备好素材。这个部分是整个课前设计的亮点，因为只有提前了解学生在课前练习中的表现，才能有针对性地进行备课，帮学生查漏补缺。

比如，大部分同学们对于数字的敏感度不够，有些同学虽然把数字记下来了，却没有记录每个数字的主体是什么，或者单位是什么。以同学们翻译《剑桥大学校长开学致辞》的笔记为例，致辞中出现了3个数字，分别是85%、75%及50%（分别对应85%的教职工、75%的本科生和50%的研究生）。就这三个数字分别代表什么，有些同学的记录就很混乱，导致最终的误译。

如果说在进行数字口译的时候，同学们漏记数字的主体或者数字的单位是共性的问题，那碰到非常个性的问题，老师就需要具体问题具体分析，有时候是学生过于关注单词本身，一味希望记全单词导致后面的信息漏记，有时候是口译笔记记录不规范、不清晰，导致目的语输出的时候笔记没有起到提示的作用。

我们来看下面的例子。

源语：Excuse me, you must be Mr. Dong from Chinese Taipei Communication Service. My name is Simon White. I'm Acting Director of BCL Broadcasting Company. Here's my card.

目的语：打扰一下，您一定是来自中国台北传播服务局的董先生吧？我叫西蒙·怀特，是BCL广播公司的代理主任。这是我的名片。

学生翻译：您好，打扰一下，您一定是来自中国台北传播服务公司的董先生吧？我是BCL广播公司的代理主任，西蒙·怀特。这是我的车。

这位学生有个很明显的失误，就是将"card"听成了"car"。后面查看其口译笔记，果然记成了"car"。虽然两者发音很相似，但是含义大相径庭。有两个可能的原因，第一个原因，可能是听力出现了偏差，没有听清楚，因为这两个单词不难，差别就在词尾这个"d"。第二个原因，是同学们在口译的时候，会有一个画面感。未进入社会的"零零后"学生对在商务场合互递名片的场景可能不太熟悉。在迎来送往的情境下，会下意识认为接到某位外宾后，接下去肯定是开车进行接送，没有想到还有递名片这个环节，从而导致了误解。

第二节　课中教学设计

在口译笔记的课堂教学中，教师需要以问题为导向，提升学生自我反思及同伴评价的能力。

每个学期，在教授口译笔记这个环节中，笔者会给同学们观看4至5个微课视频，包括"联合国口译员的一天""欧盟-亚欧口译培训合作项目"中的口译笔记以及自己录制的口译笔记技巧微课等。

在口译笔记的第一节课上，笔者会让学生提前在"线上学习中心"回答一个问题："我们为什么需要口译笔记？"同学们可以在网上畅所欲言，在整理了大家的信息后，笔者发现同学们普遍认为，首先，口译笔记可以帮助减轻记忆负荷。其次，口译笔记可以提供主要的信息，建立口译者的信心。与此同时，笔者还总结了同学们对口译笔记的一些错误的理解，比如，有些同学认为要学好记口译笔记，就必须背诵很多的符号，也有同学将口译笔记等同于速记。因此，在第一节口译笔记的授课过程中，笔者会针对这些问题一一进行解答。

在口译笔记的第二节课前，笔者会先让同学们观看"欧盟-亚欧口译培训合作项目"中的第四讲"口译笔记"，然后让他们回答以下两个问题。第一个问题："What are some wrong practices of note-taking?" 第二个问题："According to the experts, what are some guidelines in note-taking?" 同学们需要提前观看教学视频，然后总结出口译笔记的几个误区，比如，视频中提到的"messy notes"（杂乱的笔记），"word-for-word translation"（逐字翻译）以及"scrap paper"（散乱的纸张）等。第二个问题有点难度，因为视频中会出现很多专家的访谈，学生们需要听完各位专家的发言后，提炼出口译笔记的几个原则。

在口译笔记的第三节和第四节课上，笔者会让同学们观看自己制作的微课，并总结出常用的口译笔记的记录原则和技巧，比如，要纵向排列，要注意意群的分割，正确使用符号及缩略语。建议教师在讲解中加入很多实例。例如在庆典致辞这篇口译中，笔者运用了很多箭头符号，源语是"Some of those things suddenly seem less certain and naturally give rise to insecurity."笔者运用了下降的箭头符号表示"less certain"（不太确定），用了上升的箭头符号表示"give rise to"（"导致"，表示因果)。学生一看就明白了,并能运用在自己的口译笔记中。

除了这四节专门介绍口译笔记技巧的课程外,笔者也会在后续的课程中融入口译笔记的讲解和训练,特别是会总结每次作业同学们在笔记中所出现的共性和个性的问题,并给予示范和讲解,帮助同学们更好地掌握这项技巧。因此,很多学生在最后的课程反馈中,会表示自己经过一个学期的课程学习,基本能形成自己的一套笔记系统,对日后进行口译有比较大的帮助。例如,在2022年的课程评价中,"口译笔记的符号的使用"这一项的统计显示:"39%的学生掌握了符号以及缩略语的使用;34%的学生掌握了口译笔记竖形记录的原则;27%的学生初步掌握了用横线来划分不同的意群。"

因此,以问题为导向的教学设计能让学生们带着问题听课,带着问题思考,提高其主动分析和思维能力。同时,课前的问题整理也能让教师了解同学们记笔记的熟练程度,从而进行有的放矢的讲解。

在此基础上,教师要在课程设计上提升学生对口译笔记能力的自我反思能力。口译笔记系统是非常具有个人特色的符号系统,体现出译员对源语的整理和分析,只要笔记能让自己看懂,并为自己的目的语输出提供帮助,就可以认为该笔记是有效的。很多时候,在听力过关的情况下,口译笔记的训练也可以提升逻辑思维。比如,如何划分意群?如何用各种符号连接上下意群的关系?如何正确分配自己的精力?脑记和笔记各占比多少?诸多问题需要同学们自己去思考,去总结,从而对自己的口译笔记有更直观的反思。

教师可以让同学们撰写反思日记,总结自己前期口译笔记的不足以及可改进的部分。例如,某位同学的笔记反思这样写道:"我太难改变把字记全的习惯了,这导致我后面的内容经常来不及听,忙着记笔记,后来我就按照老师的方法,抓大放小,只记录比较重要的信息,经过一段时间,我的笔记就清晰很多了。"

也有同学这样反思:"有时候,我明明已经写下来信息,但是真正到口译的时候,发现自己碰到了困难,经常看到笔记上的字卡壳。后面我按照老师的方法,先训练不用笔记的方式,关注源语本身。然后再过渡到记笔记,笔记和脑记同时进行,感觉就来了。"

除了自我反思外,教师还可以多运用同伴评价的方式,让同学们互相点评。比如,在笔者的口译课堂上,笔者要求同学们互相合作,分析并点评彼此口译存在的问题及口译笔记的记录问题。同学们会畅所欲言，先对彼此的口译表现进行点评，指出其漏译或者误译的部分。针对口译笔记的互评，一开始同学们还不是很习惯，经常会看不懂彼此的符号，但是结合各自的口译表现，他们会越来越熟悉各自的笔记，并会根据误译或者漏译的情况来逐一分析。

第三节 课后教学设计

课后的口译练习是必不可少的，但是如果课后仅仅是布置作业、看视频、为下一节课的翻转做准备，那就有点局限了。众所周知，口译是实操性很强的课程，口译笔记是非常注重课后实践的。因此，课后需要提升学生综合运用的能力，并创设各种实践机会帮助学生将所学运用到实际工作中去。

首先，需要给每位学生制定个性化的学习目标，例如，了解每一位学生学习口译的目的。有的学生想要提升自己的英语水平，为今后就业或出国深造做准备；有的学生想要获得口译资格证书，例如，上海的中高级口译证书或者全国翻译专业资格（水平）考试（CATTI）证书；还有的学生对口译兴趣不大，只想通过课程考试。针对这三类不同的学生，教师需要提前给他们制订不同的目标和学习计划。针对想要通过口译资格证书考试的同学，可每周额外给他们进行相关考证的辅导，鼓励他们每周进行强化练习，保证考证前，每天一篇真题的练习量。针对想要提升自己英语能力的同学，鼓励他们课后每周进行听写或者口译的练习，提高自己的听译水平。对于水平一般的同学，鼓励他们课后高质量地完成作业，将课堂内容多加复习和巩固，多背诵与口译内容相关的分类词汇，提高自己的词汇量，然后总结每次自己口译中出现的问题，打牢基础。

除此之外，建议教师创设口译实践的机会给学生，比如，组织学生参与各类展会口译，从而提高学生的实际口译水平，增加其真实场合的口译经验。同时，建议教师多联系专业口译员，提供学生跟着专业译员进行影子练习的机会。教师还可安排知名同传来校开讲座，与学生分享一线的口译经验。

第五章 口译笔记实战演练

第一节 庆典致辞

一、迎来送往

1. 背景知识

Mr. Dong: Chinese Taipei Communication Service

Simon White: Acting Director of BCL Broadcasting Company

2. 相关词汇和句子

communication service 传播服务

acting director 代理主任

upon your request 根据您的要求

suite 套房

I'll be only too glad to help. 我很乐意帮助您。

3. 源语发言

Excuse me, you must be Mr. Dong from Chinese Taipei Communication Service. My name is Simon White. I'm Acting Director of BCL Broadcasting Company. Here's my card. We've been expecting you ever since we received your email informing us of your date of arrival. Upon your request, we have reserved for you a quiet hotel suite by the beach. I'm sure you'll like it. I hope you will enjoy your stay here. If there's anything you need, just let me know. I'll be only too glad to help. (梅德明, 2007: 27)

4. 目的语翻译

打扰一下，您一定是来自中国台北传播服务局的董先生吧？我叫西蒙·怀特，是 BCL 广播公司的代理主任。这是我的名片。我们自从收到您来访日期的电子邮件后，便一直期待您的到来。根据您的要求，我们在一家滨海酒店为您预订了安静的客房。我相信您一定会喜欢的。希望您在这儿过得愉快。如果有什么需要的话，请不要客气。我很乐意帮助您。

▶ 学生 A 口译表现：

您好，打扰一下，您一定是来自中国台北传播服务公司的董先生吧？我是 BCL 广播公司的代理主任，Simon White。这是我的车。我们在邮件交流时，提前得知您到达的具体日期。于是，我们为您预订了一家带有沙滩的酒店。我待会儿带您去看，希望您能喜欢它。祝您能在这儿有个愉快的旅途，如有您有需要的，请告诉我。我将非常荣幸为您提供帮助。

▶ 学生 A 口译评价与解析：

总体而言，该生的口译完成度不错，在个别字词上出现了失误。

（1）学生将"card"听成了"car"，所以将"这是我的名片"误译成了"这是我的车"。

（2）学生将"by the beach"误译成了"带有一家沙滩的酒店"。

（3）对于"My name is Simon White. I'm Acting Director of BCL Broadcasting Company."建议可以进行顺译，虽然意思没有差别，但是可以减轻口译中的认知负荷，对口译员压力较小。

▶ 学生 A 口译笔记：

▶ 学生 A 口译笔记评价：

（1）口译笔记中记录了"car"，因此出现了误译"这是我的车"，而不是"这是我的名片"。

（2）学生运用了很多箭头符号来表示逻辑关系，这样很不错。

（3）学生能基本运用关键词进行口译笔记记录，笔记整体的逻辑性尚可。

（4）源语是英文，但是学生用了中英文混记，特别是最后一句"I'll be only too glad to help"，用中文"我荣"来概括整句话的意思，说明学生在边听边整理，开始进行初步的目的语转换。

▶ 学生 B 口译表现：

打扰一下，您一定是中国台北通信公司的董先生吧？我是 BCL 广播公司的代理董事，西蒙·怀特，这是我的名片。自从您把来访日期发邮件给我之后，我们一直恭候您的到来。根据您的要求，我们为您预订了临近海滩的酒店，我觉得您会喜欢这里。希望您在这里过得愉快。如果您有什么需要，尽管告诉我，我很乐意帮忙。

▶ 学生 B 口译评价与解析：

该同学的整体口译表现很出色，基本上没有太大的问题。一个小建议就是一般碰到姓名，可以直接音译，并不需要进行翻译。例如，这边的 Simon White，可译也可不译。在正式场合，口译员为了减轻口译压力，同时，更是为了避免翻译错误的尴尬，一般就直接音译。

▶ 学生 B 口译笔记：

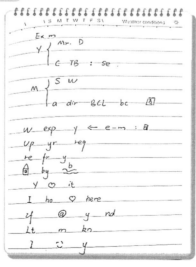

▶ **学生B口译笔记评价：**

（1）该同学运用了很多的首字母，例如，用"b"代表"beach"，节省了很多记录的时间。

（2）该同学用了大括号来表示逻辑关系中的包含，例如，在记录"My name is Simon White. I'm Acting Director of BCL Broadcasting Company."时，她就用了大括号，上面写名字，下面写职位，逻辑比较清晰。

（3）该同学还用了很多可爱的符号，例如，用爱心来表示"like"，用笑脸来表示"glad"。

（4）建议可以在每个意群结束的时候，画一个横线，表示意群的分割。

▶ **学生C口译表现：**

不好意思，打扰一下。请问您是来自中国台湾服务中心的董先生吗？我的名字是Simon White，是BCL广播公司的执行导演。这是我的卡片。我们向您致以最真诚的问候。我们根据您的到达日期，为您预订了一间安静的靠近海边的宾馆。相信您一定会喜欢的，我希望您能享受您的这段旅程。如果您有任何的需要，请及时让我知道，我会帮助您的。

▶ **学生C口译评价与解析：**

总体而言，该学生没有做好译前准备，没有提前熟悉相关的重点词汇。

（1）communication service 应该翻译成"传播服务"，而不是"服务中心"。

（2）acting director 的意思是"执行主任"或者"执行董事"，而不是"执行导演"。

（3）card 直接翻译成了"卡片"，说明没有根据上下文的情境来翻译，这边应该是"名片"。

（4）"We've been expecting you ever since we received your email informing us of your date of arrival."这个句子没有翻译出来。可能是学生紧张，误译成了"我们向您致以最真诚的问候"。

（5）没有掌握与迎来送往相关的句型，对于一些基本的句型如"We have been expecting you ..."不熟悉。即便记下了笔记，但是口译的时候，可能因为紧张或者其他原因导致发挥一般。

▶ 学生C口译笔记：

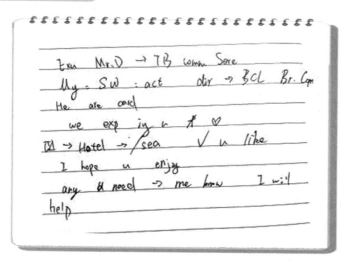

▶ 学生C口译笔记评价：

（1）该生记录了关键信息，但存在误译，例如，记录下"acting director"，但是翻译成了"执行导演"，说明对词汇的掌握不够。虽然"card"也记录下来了，但是没有根据情境翻译成"名片"，而是简单翻译成了"卡片"。

（2）建议该同学的口译笔记进行纵向排列，可以使口译笔记的逻辑更为清晰。

（3）建议该生用横线进行意群的分割，使口译笔记更加有逻辑。

教师示范	笔记讲解
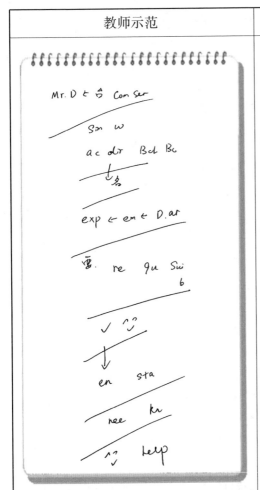	• 这篇笔记用很多的横线来进行意群的分割。 • 在符号的使用上，用箭头表示动作，例如，"Here is …"用箭头连接上下两句，表示"递名片"的动作。 • 听到"card"的时候，直接用"名"来代表"名片"，而不是用首字母进行记录，这样可以方便目的语翻译。 • 用一些小表情符号，比如用微笑来表示"glad"。

二、礼仪庆典

1. 相关词汇

attentive 注意的，专心的

management philosophy 经营理念

asset 资产，财富

2. 源语发言

Thank you very much for my privilege of speaking here and for your effort to ensure me such an attentive audience. What really makes our company tremendously successful are, in my view, our management philosophy behind it and the understanding of information. I hope we can make some of these assets available to you.

3. 目的语翻译

感谢您给我如此殊荣在此发表演讲，同时也感谢您为我请来了如此专心致志的听众。在我看来，我们公司之所以能取得巨大的成功，真正原因在于我们的经营理念以及对信息的全面掌握。我希望能与你们共享这些财富。

▶ 学生A口译表现：

非常感谢我能在这里演讲，这是我的荣幸。也感谢您为确保我能有如此专心的听众所做的努力。在我的想法中，能真正让我们公司取得巨大成功的原因是，或许是因为我们公司背后的管理理念以及对信息的理解，我希望能提供这些有用的资产给你们。

▶ 学生A口译评价与解析：

（1）ensure 的意思是"确保"，但是这里不需要把这个意思直译出来，而是可以巧妙地进行处理，直接和上下文糅在一起即可。这句话"for your effort to ensure me such an attentive audience"就可以简单翻译成"感谢您为我请来了如此专心致志的听众"。

（2）in my view 最好不要翻译成"在我的想法中"，而是"在我看来"。

（3）asset 的本意是"资产"，但是在这里可以意译为"财富"。

▶ 学生A口译笔记：

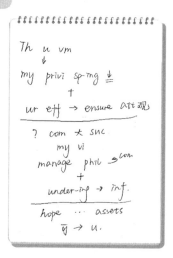

▶ 学生A口译笔记评价：

总体而言，该同学的口译笔记比较清晰。可以看到，她运用了箭头符号来表示逻辑关系。同时，她运用了数学符号"+"来表示并列关系。但是，其口译中仍然存在一些问题，之所以会出现这些问题并不是因为口译笔记的信息遗漏，而是该生对相关词汇的掌握不够全面。例如，该同学完整记录下了"ensure"这个单词，而在翻译的时候，直接将其翻译成了"确保"，说明在边听边记的情况下，没有进行信息的预处理，导致后面的口译问题。同样的问题也出现在了"assets"这个单词上，该同学也是完整记录该单词，但是口译的时候，没有根据上下文进行分析，而直接翻译成了"资产"。

▶ 学生B口译表现：

非常感谢能让我站在这里演讲，而且还有很多专注的听众。是什么能让我的公司有如此大的成功？在我看来，是在公司管理理念的背后，我们对于信息的理解。我希望能将一些资产提供给你。

▶ 学生B口译评价与解析：

（1）该生的口译有很多漏译的部分，比如，原文中的第一句"Thank you very much for my privilege of speaking here."没有将"privilege"翻译出来。第二句"for your effort to ensure me such an attentive audience"也没有将"your effort"翻译出来。

（2）在听的时候，没有将"our management philosophy behind it"与下面部分的逻辑关系理顺，两者应该是并列关系。

（3）最后一句的"assets"在这里翻译成"资产"也不妥当。

▶ 学生B口译笔记：

▶ **学生B口译笔记评价：**

该生的口译笔记对关键信息点的记录尚可，但还是没有改变把字记全的习惯。比如，"Thank""speaking""effort""management"等单词可用首字母或者只记录单词前两三个字母即可。如果仔细分析一下，就会发现该生过于关注单词本身，因此当她记录"management"之后，没有仔细分析后半部分，导致"our management philosophy behind it"这句话没有翻译正确。同时，该生的中文字记录过多，例如，在同一行，该生记录了"我""什么""公司""成功"。建议改用首字母或者单词前两三个字母进行记录。这样既可以节省时间，又可以有时间进行初步的听力分析，为后续的输出进行准备。

▶ **学生C口译表现：**

感谢你们让我如此荣幸在此演讲。同时也感谢你们的支持，让我获得了如此<u>有参与感</u>的听众。在我看来，使我们公司获得真正成功的因素是，是我们公司的管理哲学以及对于<u>信息的解读</u>。我希望能将这些有用的资产与你们分享。

▶ **学生C口译评价与解析：**

总体而言，该生的口译质量较高。错误主要集中在个别字词的翻译上。

（1）"attentive"，该生将其翻译成"参与感"，虽然意思相近，但是与本意"专心致志的"还是有差异的。

（2）将"understanding of the information"翻译成了"信息的解读"，可以将其简单翻译成"对信息的掌握"。

▶ **学生C口译笔记：**

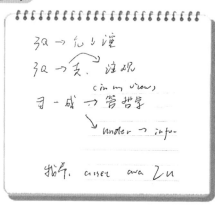

▶ **学生C口译笔记评价:**

该生的口译笔记展现了自己的想法。首先,该生用"3Q"来表示"Thank you",比较有创意。其次,该生运用了中英文混记。比如,用中文的"注"来表示"attentive";用"管"来表示"management";用"司"来表示"company"。这说明,该生在口译的时候,采用了自己比较习惯的记录方式,用中文来表示熟悉的英语单词,方便了后续的口译。但是,该生的记录习惯还需要改进。例如,"in my view",明显是后续加上去的,说明该生对递交的口译笔记作业进行了二次加工。因为,在真实的口译环境下,是无法同时记录"in my view"以及后面的单词的。

教师示范	笔记讲解
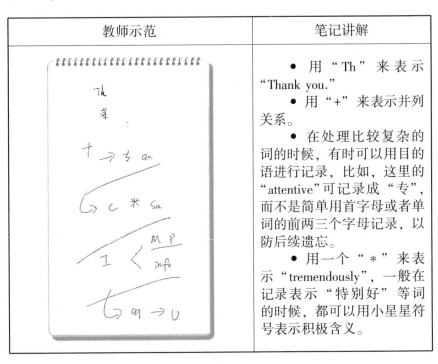	• 用"Th"来表示"Thank you." • 用"+"来表示并列关系。 • 在处理比较复杂的词的时候,有时可以用目的语进行记录,比如,这里的"attentive"可记录成"专",而不是简单用首字母或者单词的前两三个字母记录,以防后续遗忘。 • 用一个"*"来表示"tremendously",一般在记录表示"特别好"等词的时候,都可以用小星星符号表示积极含义。

三、大会致辞

1. 相关词汇

合资企业 joint venture

富有成果的 fruitful

默默奉献 dedication without any complaint

薄酒 humble dinner

2. 源语发言

我们这家合资企业度过了10年的艰苦奋斗历程。过去的10年，是辉煌的10年，是富有成果的10年，是我公司走向世界的10年，也是各位默默奉献的10年。我们在这里略备薄酒，庆祝我们的友好合作。我愿借此机会向公司的各位同仁表示诚挚的谢意。

3. 目的语翻译

Our joint venture has experienced ten years of hard struggle. This is a brilliant decade, a fruitful decade, a decade which has seen our company advance to the world market, and a decade of your dedication without any complaint. We have prepared a humble dinner here to celebrate our friendly cooperation. I would like to take this opportunity to express my sincere thanks to all my colleagues at the company.

学生 A 口译表现：

Our joint venture has gone through a decade of struggle. This is a brilliant decade, a productive decade, a decade which our company has gone global and a decade of dedication. We are here to celebrate our friendly cooperation <u>with thin wine</u>. I would also like to take this opportunity to express our sincere gratitude to all the colleagues of the company.

学生 A 口译评价与解析：

总体而言，该生口译的质量不错。比较大的问题就是"略备薄酒"的翻译，这位同学直接译成了"with thin wine"，造成了笑话。其实，若在口译中，碰到比较有文采的表达，不知道如何翻译的时候，笔者建议可以就翻译原本的意思，比如这边，如果不知道"薄酒"的翻译，可以就用"dinner"或者"wine"这样简单的单词来代替，虽然会扣一点小分，但是大致意思无误，就不会闹出"thin wine"这样的笑话了。同时，该生翻译的"默默奉献"中的"默默"没有体现出来，应该是"dedication without any complaint"。

▶ 学生A口译笔记：

▶ 学生A口译笔记评价：

该生的口译逻辑性尚可，重点的信息基本记录完整。笔记语言上，该生喜欢用源语记录，比如，用"斗"表示"奋斗"；用"效"表示"富有成果"；用"奉"表示"奉献"。同时，该生喜欢用横线表示动作以及递进关系，用大括号来表示并列的关系。碰到"略备"这样的动词，她就用箭头符号表示。又如，"表示感谢"中的"表示"，她也选用箭头来代替动词。这样的记录方式简洁明了。再来看口译中出现的问题，"薄酒"虽然记录下了"酒"，但是没有将形容词"薄"记录下来。建议可以加个小符号比如"-"来表示。再如"默默奉献"中的"默默"，这里虽然用的拼音字母"M"来表示，但是进行目的语翻译的时候没有翻译出来。

▶ 学生B口译表现：

Our joint venture enterprise has gone through 10 years of struggle. This is brilliant <u>ten years</u>, ten years of fruitfulness. Our company has gone to the world. It is also ten years' of everyone's <u>dedication</u>. Here, we prepare <u>some wine</u> to celebrate our friendly cooperation. I would like to take this opportunity to express my gratitude to all the colleagues of the company.

▶ 学生B口译评价与解析：

总体而言，该生口译的质量尚可。首先，"This is brilliant ten years."可以改成"This is a brilliant decade."。与A同学一样，该生在"默默奉献"以及"略备薄酒"的翻译上碰到了问题。例如，"默默"

这个词没有翻出来。但是"薄酒",该生处理得比之前的 A 同学好一些,该生没有硬翻,而是巧妙地用"some wine"来表示,比较推荐词汇量有限的同学在处理较难的表达时借鉴。

▶ 学生 B 口译笔记:

▶ 学生 B 口译笔记评价:

这位同学的口译笔记也是中英文混杂的记录方式。如果仔细分析该同学的口译笔记,我们会发现其中很有意思的亮点。首先,她在记录"默默奉献"的时候,做了初步的目的语翻译,将"默默"翻译成"silent"。但是,在最终翻译的时候,她删除了这个"silent"。同样的,在记录"略备薄酒"的时候,该同学也是记录了"thin wine",但是口译的时候,并没有出现"thin"这个单词。说明该生在记录的时候,虽然每个字、词都记录,但是最后处理的时候,还是根据前后的搭配以及常用表达,删除了记录的字、词。

▶ 学生 C 口译表现:

Our joint venture has gone through ten years of struggle. It is a productive decade, a fruitful decade. Our company has gone to the world. It is also a decade with your devotion without any complaint. We prepare some little wine to celebrate our friendly cooperation. Let me take this opportunity to express my sincere thanks to my colleagues of the company.

▶ 学生C口译评价与解析：

　　这位同学的口译质量不错，表达也很流利。但是，仔细听口译录音的时候，发现该同学将"这是辉煌的十年"中的"辉煌"翻译成了"productive"，我们知道"productive"这里其实和"fruitful"意思相仿，都意为"富有成效的"，但没有把"辉煌"翻译出来。和前面两位同学一样，该生对"薄酒"这个词也没有翻译好，误译成了"little wine"。

▶ 学生C口译笔记：

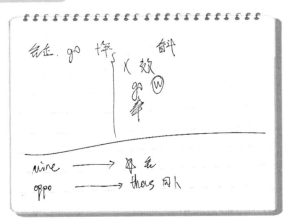

▶ 学生C口译笔记评价：

　　正如之前所说，这位同学最大的问题就是将"这是辉煌的十年"漏译。仔细查看笔记，发现问题可能出在该同学将"奋斗"两字完整记录后，没有时间记录"辉煌"的信息。所以，同学需要在后续的口译笔记中学会只记录首字母或者用符号来表示主要信息，防止出现漏译的情况。同时，该生在后半段的笔记中，运用了两次箭头符号来代替动词"celebrate"以及"express"，这样的用法很好，可以继续保持。

教师示范	笔记讲解
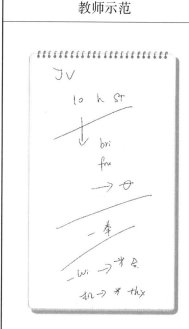	• 在听到合资企业的时候，用缩略语"JV"来表示"joint venture"，在学习记口译笔记的时候，可以适当学习一些缩略语来方便记录。 • 用表示地球的符号"⊘"，然后用一个箭头来代替动词"go"，这样的记录方法可以很好地还原"走向全球"的含义。 • 在处理"默默"以及"薄"的时候，用"—"的符号来表示减少的含义，提示自己在后续的目的语翻译中，需要特别注意。 • "默默奉献"就可以翻译成"dedication without any complaint"。 • "略备薄酒"可以翻译成"prepare a humble dinner"。

四、节日庆典

1. 相关词汇

somber 忧郁的，悲伤的

take for granted 想当然

give rise to 导致

keenly 强烈地

2. 源语发言

Christmas is a time for celebration. But this year it is a more somber occasion for many. Some of those things which could once have been taken for granted suddenly seem less certain, and naturally give rise to feelings of insecurity. People are touched by events which have their roots far across the world. Whether it is the global economy or violence in a distant land, effects can be keenly felt at home.

3. 目的语翻译

圣诞节是值得庆贺的节日。但是，今年的圣诞节对很多人来说是悲伤的时刻。很多我们曾经习以为常的事情突然变得不那么确定，这自然而然带来不安全的感觉。人们被世界各地发生的一系列事件所深深触动，不论是全球经济还是远方发生的暴力事件，我们在国内便能深深地感受到。

4. 要点解析

（1）But this year it is a more somber occasion for many.

"a somber occasion"可以直接翻译成"悲伤的时刻"。

（2）People are touched by events which have their roots far across the world.

"have their roots far across the world"，这里可以简单处理成"发生世界各地的一系列事件"。注意，这里的"events"是复数，在口译中要表现出来，可以翻译成"各类"，也可以翻译成"一系列"作为修饰"events"的形容词。

（3）Effects can be keenly felt at home.

"at home"如果翻译成"在家里"，显然是望文生义。这里就是"在国内"的意思。同学们若联想到"at home and abroad"可翻译成"国内外"，那这里的错误就可以避免了。同时，要注意翻译成中文时，要多用主动态，例如，这句话若翻译为"影响被我们在国内深深感受到"，就显得有点拗口，因为中文惯用主动语态，而不是被动语态。

▶ 学生A口译表现：

圣诞节是庆祝的日子。但对于许多人说，今天的情况更为严峻。那些曾经被认为是理所当然的事情，突然之间不那么确定了。自然会引起不安全感。世界各地发生的各种事件，人们深有感触。不论是全球经济，还是远方的暴力，其影响都能在国内被敏锐地感受到。

▶ 学生A口译评价与解析：

总体而言，该生口译的质量还是不错的，主要的信息点基本都能翻译出来。这里有一个单词的翻译值得商榷，"somber"这个单词的本意是"严峻的"，但如果将整句话翻译成"圣诞节是严峻的"，不是很通顺。所以，建议换一个表述，例如"悲伤的"可能会比较好。

▶ 学生A口译笔记：

▶ 学生A口译笔记评价：

该生的口译笔记记录比较有逻辑，运用了较多的箭头符号来表示关系的递增或减少。比如，用"↓"来表示"less"，用"↑"表示"give rise to"，这样的箭头使用不仅会节省时间，同时会让整篇口译笔记变得更有逻辑。当然，该生的口译笔记还需要提升对关键词的记录，不需要记全字、词，例如，"feelings of 不安全"不需要记录那么多字。同时，建议用学过的符号来记录"world"。

▶ 学生B口译表现：

圣诞节是庆祝的节日，但今年的圣诞节对很多人来说是悲伤的。很多人们认为理所当然的事情变成不确定，这自然导致人们有不安全感。人们被世界各地的事情所触动，不论是全球的经济，还是异国发生的冲突，我们都能强烈地感受到。

▶ 学生B口译评价与解析：

该生口译的质量总体而言尚可，但还是存在两个问题。首先，就是将"distant land"翻译成了"异国"，不是很准确。其次，就是最后一句中的"at home"，这个部分漏译。

▶ **学生B口译笔记:**

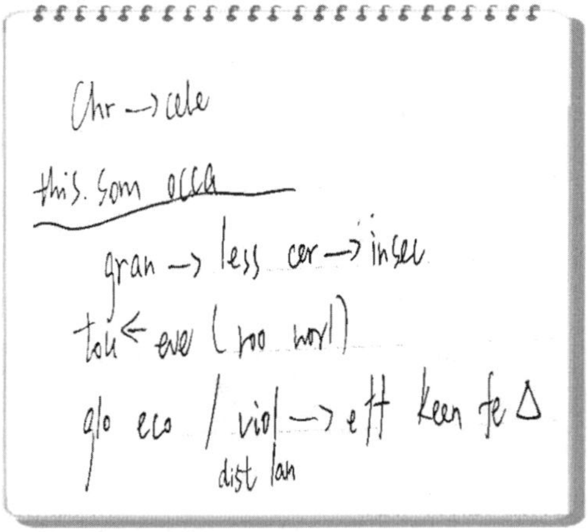

（笔记图示）
Chr → cele
this. som ecca
gran → less cer → insec
tou ← eve (soo worl)
glo eco / viol → eff keen fe △
          dist lan

▶ **学生B口译笔记评价:**

该生的口译笔记还是以源语言记录为主。记录的主要方式是记录单词的前几个字母，在箭头的使用上，该生习惯用箭头来代替动词的使用，比如，用"→"来表示"give rise to"。这里可以看到在"violence"下面有"distant land"的记录，但是翻译的时候，误译成了"异国"，犯了望文生义的错误。该生在笔记中没有记录"at home"，所以翻译的时候没有出现"在国内"，说明该生过于在意前面的记录，导致没有时间记录源语言最后的部分。

▶ **学生C口译表现:**

圣诞是庆祝的时刻，但今年对很多人来说忧郁悲伤。大多数想当然的事情突然显得不那么确定了，自然导致了不安全的感觉。人们被世界各地根源的事件所感动，无论是全球经济还是远国的暴力，其影响都可以在国内强烈地感受到。

▶ **学生C口译评价与解析:**

该生总体的口译质量还是不错的，仔细听其口译录音，发现其在翻译"People are touched by events which have their roots far across the world."这句话有比较长的停顿，说明该同学正在思考其中"roots"的翻译。最终，该生还是选择将"roots"直译成"根源"，其实不需要将"roots"的本意翻译出来，可以采用意译的方式。

▶ 学生C口译笔记：

```
Notes:
It's  times  cek
But  今  +sombre → many.
―――――――――――――――――――
Some  once         granted.
suddenly ↓ certain & not  ↑ insecurity
人  tou   events (root, ○).
global 经 / violence in 远
effects → felt home.
```

▶ 学生C口译笔记评价：

该生的口译笔记还是倾向于把单词记全，比如"somber""suddenly""insecurity"等。仔细去分析，应该是录音听了不止一遍，然后笔记应该是进行了再次加工。因为如果完整记录"insecurity"，后面的语言信息是无法及时记录的。其实，很多时候，我们只需要记录关键词，并用一些符号表示即可。否则一味追求记全字、词，极大概率会无法处理后续的信息。此外，该生运用了一些箭头符号，例如，用向下的箭头来表示"less"以及用向上的箭头来表示"give rise to"，说明经过一段时间的训练，该生对箭头符号的使用相比较首字母记录要熟练。

▶ 学生D口译表现：

圣诞节是值得庆祝的节日，但今年的圣诞节对很多人来说并不开心。那些理所当然的事情突然变得不那么确定，大家自然而然就会产生不安全感。发生在世界各地的事情都让人们<u>担忧</u>，不论是全球经济，还是远在他国的暴力冲突，我们都能在国内感受到强烈的影响。

▶ 学生D口译评价与解析：

除了一个小小的失误外，该生的总体口译质量很高，原文是"People are touched by events which have their roots far across the world"，这里的"touched"翻译成"触动"比"担忧"更贴切一些。

该生有个很好的习惯，将英语中很多被动语态的句子有意识地翻译成了中文的主动语态，例如，"People are touched by events …"，该生就很巧妙地将其翻译成了"发生在世界各地的事情都让人们……"。同样,"Effects can be keenly felt at home",该生也很熟练地将其翻译成"我们都能在国内感受到强烈的影响"。

学生D口译笔记:

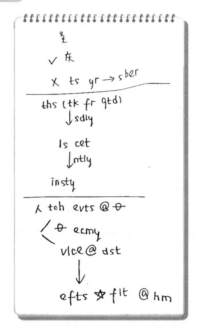

学生D口译笔记评价:

该生的口译笔记比较清晰,基本达到了口译笔记的基本规范。可以看到该生用了数字符号来表示肯定或者否定的含义。例如,用"√"表示"值得",用"×"表示"并不"。同时,该生也比较擅长使用一些常用的图形符号。例如,用"θ"表示"world",用"@"表示"at"。在记录主要信息的时候,该生也能掌握用首字母或者单词的前几个字母来记录,使整篇的口译笔记看起来逻辑清晰。

教师笔记	笔记讲解
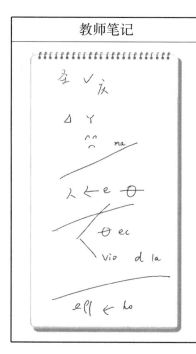	• 用哭脸的符号来表示"不开心"的情绪。在记口译笔记的时候，译者经常用笑脸表示"开心""欢乐"等积极情绪，用哭脸表示"悲伤""难过"等消极情绪。 • 用数字符号"△"表示"but"的含义。本篇的口译难度尚可，所以对于很多常用的字、词，可用符号来表示。例如，本篇出现了 2 次"world"，都用了"θ"来表示。 • 口译笔记最关键的就是逻辑关系的记录，可用各种符号和横线来表示逻辑关系。例如，用大括号表示并列关系。 • 可用箭头来代替动作，如用"←"代替"touched"这个动词。

五、本章练习

练习一

源语：Mr. Mayor, let me thank you for the opportunity to share some thoughts about how to ensure Shanghai's position as a world center of innovation in the near future.

目的语：市长先生，首先感谢您给我这个机会来谈一下我对如何确保上海在不远的将来成为世界级创新中心的看法。

口译笔记	笔记讲解
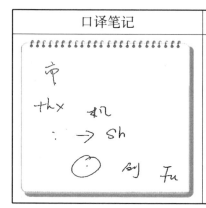	• 本篇笔记采用了中英文混杂记录，比如，用"市"来表示"Mr. Mayor"。 • 用一个简单的"thx"来表示"Let me thank you ..."。用一个简单的冒号"："来表示"some thoughts"。 • 独创了一个"world center"的笔记符号，就是一个圆圈中间一个点，表示"世界中心"。

练习二

源语：Ladies and gentlemen, I am delighted to have the opportunity to address you at the opening of the 7th China International High-tech Expo. In the last two years I have witnessed tremendous advances across China, particularly in hi-tech manufacturing sectors, in science and research.

目的语：女士们、先生们，我很高兴能有机会在"第七届中国国际高科技产业博览会"的开幕式上发言。两年来，我见证了整个中国的巨大进步，尤其是在高科技制造和科研领域取得的成就。

口译笔记	笔记讲解
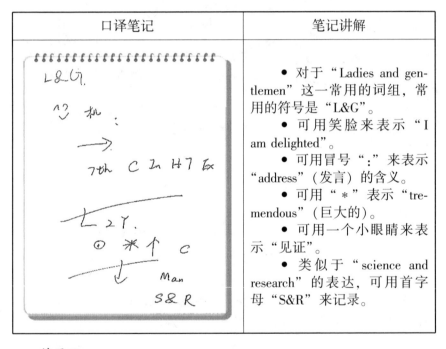	• 对于"Ladies and gentlemen"这一常用的词组，常用的符号是"L&G"。 • 可用笑脸来表示"I am delighted"。 • 可用冒号"："来表示"address"（发言）的含义。 • 可用"＊"表示"tremendous"（巨大的）。 • 可用一个小眼睛来表示"见证"。 • 类似于"science and research"的表达，可用首字母"S&R"来记录。

练习三

源语：Dear Chinese friends, tonight, we come to the end of 16 glorious days which we will cherish forever. I would like to thank Chinese people, and to all the wonderful volunteers of Beijing Organization Committee of the Olympic Games!

目的语：亲爱的中国朋友们，今晚，我们即将结束16天的光辉历程。这些日子，将永远珍藏在我们的心中。感谢中国人民，感谢北京奥组委的所有出色的志愿者们。

口译笔记	笔记讲解
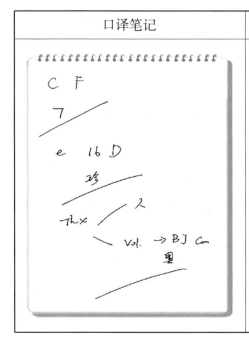	• 这篇笔记采用首字母记录。比如，开头的"Chinese friends"，可用简单的"C"和"F"来表示；用"珍"来记录"cherish"，因为如果单纯记录"che"或者"ch"，后续目的语翻译的时候很可能会遗忘所记录的部分，所以这里用"珍"来表示"珍藏"的含义。同样，可用"奥"来表示"奥组委"。

练习四

源语：女士们、先生们，欢迎光临京河高科技园区。我是园区的业务经理，我很高兴能有机会向大家介绍一下我们是如何吸引外资投资的。我们园区的两大主导产业是信息技术和现代化生物技术。

目的语：Ladies and gentlemen, welcome to Jinghe High-tech Park. I am Operation Manager of the Park. It's my great honor to give you an introduction on how to attract foreign investment to the Park. The park's two leading industries are information technology and modern biotechnology.

口译笔记	笔记讲解
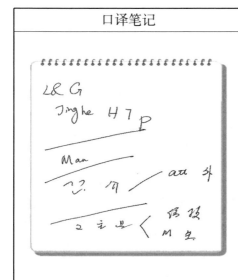	• 这篇是中译英,记录的时候采取了中英文混记。 • 对于比较常用的词组,例如"女士们、先生们"可用"L&G"来记录。 • 对于比较长的表达,比如"我很高兴"就用一个笑脸来表示。 • 对于信息量比较大的词,比如"信息技术"和"现代化生物技术",可用"信技"和"M生"记录。此处用 M 来代表"modern",方便目的语的转化。

练习五

源语:Ladies and gentlemen, during my stay here for 5 years, I have noticed many cultural differences. Such cultural differences arise from a difference in region, race, history, environment and in the level of social and economic development.

目的语:女士们、先生们,我在此已经生活了五年,我看到了许多文化差异。这些文化差异是由地域、种族、历史和环境的差异造成的,也是由社会、经济发展水平的差异造成的。

口译笔记	笔记讲解
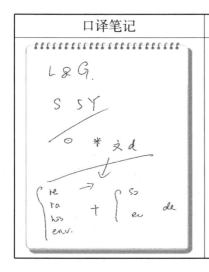	• 在这篇笔记中,可用一个小眼睛的符号来表示"notice"。一般而言,在听到"witness"或者"watch"之类表示"看"的动词,都可以用这个符号来表示。 • 源语中的"cultural differences"出现了两次,所以第二次用了一个箭头来表示主语的重复。 • 在记录"region, race, history, environment",一般前面用一个大括号,然后用单词的首字母或者前两三个字母来进行记录。

练习六

源语：欢迎 William 先生和夫人来到北京，应您在邮件里的要求，我们特意为您预订了唐寓酒店的套房，这个酒店的设计体现了唐朝的建筑风格。

目的语：Welcome Mr. and Mrs. William to Beijing. Upon your request in the email, we have especially reserved a suite for you in Tang Yu Hotel, whose design embodies the architectural style of the Tang Dynasty.

口译笔记	笔记讲解
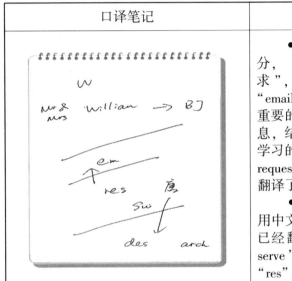	● 这段源语的后半部分，"应您在邮件里的要求"，这边只记录了"email"，因为这个部分最重要的就是邮件这个主要信息，结合本章"迎来送往"学习的主要词汇"upon your request"，这个部分就很好翻译了。 ● "预订"这个词没有用中文记录，因为在脑海中已经翻好了这个动词"reserve"，所以就记录了"res"，方便口译。

练习七

源语：今天我们主要会参观家具厂和家具销售店，还要与三家家具公司洽谈业务，晚上我们在全聚德为您洗尘。

目的语：Today we are going to visit furniture factories and furniture stores, and we will also negotiate business with three furniture companies. In the evening, we will hold a reception dinner in your honor in Quanjude Restaurant.

口译笔记	笔记讲解
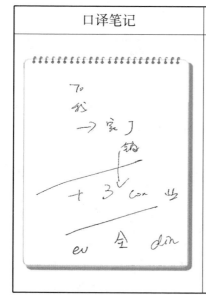	• 用"To"来表示"today"。 • 用箭头来代表动词。例如，用箭头代替"参观"。 • 这篇笔记关键是需要记录宾语"家具厂"以及"家具销售店"，所以在记录的时候，记录了"家厂"以及"销"。 • 可用数学符号"+"来表示"还要"。 • 像"洗尘"之类的词，一般可不记录，而是用"dinner"来替换。因为在本章"迎来送往"中，我们学过了"设宴洗尘"的英文表达"reception dinner"。

练习八

源语：It's my honor to attend this dinner at the gracious invitation of our Chinese partners. On behalf of the delegation of ABC company, I wish to express our heartfelt thanks to you for such a thoughtful arrangement for us.

目的语：承蒙中国合作伙伴的盛情邀请，我很荣幸前来参加此次晚宴。对于贵公司为我们所做的如此精心的安排，我谨代表我们 ABC 公司代表团表示衷心的感谢。

口译笔记	笔记讲解
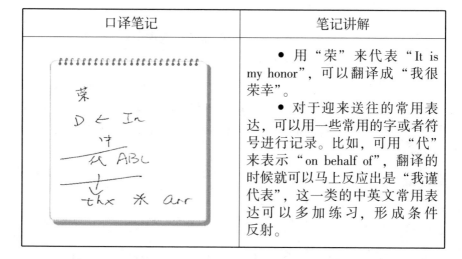	• 用"荣"来代表"It is my honor"，可以翻译成"我很荣幸"。 • 对于迎来送往的常用表达，可以用一些常用的字或者符号进行记录。比如，可用"代"来表示"on behalf of"，翻译的时候就可以马上反应出是"我谨代表"，这一类的中英文常用表达可以多加练习，形成条件反射。

练习九

源语：From the moment we arrived, we have been treated as VIPs of the city and are overwhelmed by the hospitality of Shanghainese. We were deeply impressed by Shanghai's new scientific achievements and were really pleased to cooperate with such a dynamic city with great potentials.

目的语：从抵达的那一刻开始，我们就受到了贵宾的待遇，上海人民的热情让我们深深感动了。我们对上海取得的许多的新科技成就印象深刻，也非常高兴能与这样一座充满活力、有着巨大潜力的城市合作。

口译笔记	笔记讲解
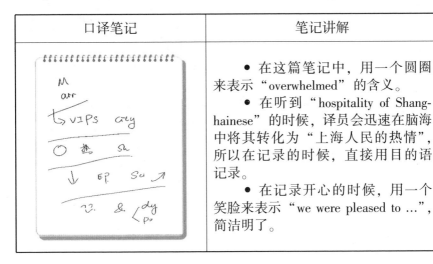	• 在这篇笔记中，用一个圆圈来表示"overwhelmed"的含义。 • 在听到"hospitality of Shanghainese"的时候，译员会迅速在脑海中将其转化为"上海人民的热情"，所以在记录的时候，直接用目的语记录。 • 在记录开心的时候，用一个笑脸来表示"we were pleased to ..."，简洁明了。

练习十

源语：I hope that through our joint efforts, we could achieve our goals in the near future.

In closing, I would like you to join me in a toast! To the good working relationship between us and to the success of our cooperation in high technology fields. Cheers!

目的语：我希望通过我们共同的努力，在不久的将来，能够实现我们的目标。

在我结束讲话之际，我请各位与我一起举杯！为我们的友好合作关系，为高科技领域的合作成功，干杯！

口译笔记	笔记讲解
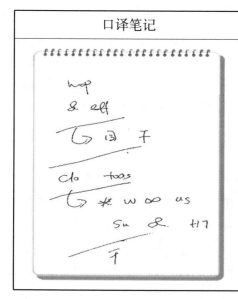	• 在这篇祝酒词口译中,用了较多的"&"符号,用来代表"relationship"和"cooperation"的含义。 • 用"*"表示"good"的意思。 • 在祝酒词的口译中,需要学会一些常用的表达,比如,"join me in a toast"(与我一起举杯),在记录时候,就只需要记录"toast"便可!

第二节 文化教育

一、校长致辞

1. 背景知识

Speaker: Professor Alison Richard

Speech: Annual Address of the Vice Chancellor

Background information: In her annual address, the Vice Chancellor, Professor Alison Richard called on the University to continue championing the enduring value of academic excellence, while focusing on the importance of institutional diversity. Cambridge is home to over 23,000 students from more than 140 countries. The Collegiate Cambridge is bound together by a deep-rooted sense of community and shared purpose.

2. 相关词汇

pervasive 遍布的	preponderantly 占优势的
collegiate 大学的	be committed to 致力于
assertion 主张	consonant with 与……一致的

3. 源语发言

The University of Cambridge is a place, a community and an institution. It is also a pervasive presence in the world. The Cambridge University Community is preponderantly British. 75% of our academic staff are British, 85% of our undergraduates, and almost 50% of our postgraduates.

Collegiate Cambridge remains deeply committed to the education of outstanding British students. That assertion is fully consonant with the Cambridge fast becoming more international in many, many ways.

4. 目的语翻译

剑桥大学是一个地方，是一个社区，也是一个研究机构。它在全球具有广泛的影响力。这里英国学生的数量占大多数。75%的教职员工是英国人，85%的本科生和近50%的研究生都是英国人。

剑桥大学仍然致力于培养最杰出的英国学生。这一主张与剑桥大学未来在各个方面迅速走向国际化相一致。

5. 要点解析

（1）The University of Cambridge is a place, a community and an institution.

有些同学会将这里的"institution"翻译成"机构"，比较准确的翻译是"研究机构"。

（2）It is also a pervasive presence in the world.

"pervasive presence"不要翻译成"普遍存在"，否则译文会变成"剑桥大学是普遍存在的"，就不正确了。可以意译为"广泛影响力"。

（3）Community is preponderantly British. 75% of our academic staff are British, 85% of our undergraduates, and almost 50% of our postgraduates.

有些同学将这句话中的"academic staff"误译成"研究人员"，这个词组可以翻译成"教学研究人员"或者"教职员工"。

（4）Collegiate Cambridge remains deeply committed to the education of outstanding British students.

很多同学将这句话翻译成"剑桥大学仍然致力于让英国学生接受杰出的教育"，虽然意思正确，但是若采用动宾结构会更符合中文的表述习惯。

（5）That assertion is fully consonant with the Cambridge fast becoming more international in many, many ways.

这句比较长，部分同学来不及记录句子的后半部分"be consonant with"以及"in many many ways"，导致漏译。

▶ **学生A口译表现：**

剑桥大学是一个地方、一个社区，也是一个机构。它遍布全世界，剑桥大学大部分是英国人。75%的教职员工、85%的本科生以及50%的研究生也是英国人。剑桥大学致力于培养优秀的英国学生，这一主张与剑桥大学很多方面变得更国际化相一致。

▶ **学生A口译评价与解析：**

这位同学口译的质量尚可，整体的表述也比较流利。问题主要出现在两处。

（1）"institution"可以翻译成"研究机构"。

(2)该生对"pervasive"的翻译不到位,虽然该单词有"遍布的"含义,但是这里要转换思考方式,一所大学如何遍布全球?在意思上显然是不通的,所以这边更多的是"影响力遍布全球"的含义。

▶ 学生A口译笔记:

▶ 学生A口译笔记评价:

该生的口译笔记基本涵盖了主要的信息,也遵循了只记录单词首字母或前几个字母的原则。该生对数字的记录较好,能将数字以及与数字相关的内容记录下来,说明对于口译中出现的数字还是比较敏感的。在符号使用上,该生使用了"地球"的符号。同时,她也运用了箭头符号分别代表主语重复以及趋势的变化,很有逻辑性。

▶ 学生B口译表现:

剑桥大学又是一个地方,又是一个社区,也是一个学校。它在世界上的影响也无处不在。在剑桥大学中,英国人的数量是很占优势的。我们学校有75%的教职员工是英国人,85%的本科生以及近50%的研究生也是英国人。剑桥大学仍然致力于培养最优秀的英国学生,这个主张与剑桥大学在多方面变得国际化是相一致的。

▶ 学生B口译评价与解析:

整体而言,该生口译的质量较好,大部分的主要信息都能准确翻译出来，但是，还是有一些小瑕疵。例如，第一句"The University of Cambridge is a place, a community and an institution.", "institution"这个单词翻译错误，该生将其误译成了一个"学校"。对照了该生的口译笔记，发现虽然他记录下了英文的"institution"，但没有将其翻译出来。

▶ 学生B口译笔记：

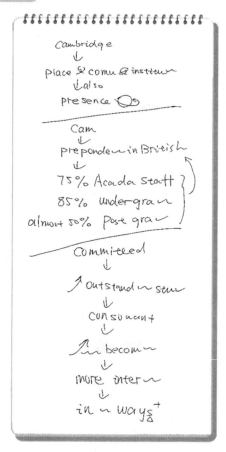

▶ 学生B口译笔记评价：

该生的口译笔记有很多的箭头符号，特别是口译的后半段几乎每个句子都有一个箭头符号。仔细分析这些箭头，有些表示程度，例如，用上升的箭头表示"deeply（committed to）"以及"fast（becoming）"。还有很多的箭头表示主语的重复，源语中有很多词的主语都是剑桥大学，该生用了箭头代替了相同的主语。如果有什么需要改进的部分，应该是笔记的前半部分，很多词其实不需要记全，例如，第一句出现的三个关键词中,"place"和"institution"都记全了。其实,该生需要学会记录首字母,不要专注于单词本身,要边听边记,否则就会出现误译,例如,第一句的最后一个单词,该生就翻译错了。

▶ **学生C口译表现:**

剑桥大学是一个地方,是一个社区,也是一所学校。它的影响力遍布全球,剑桥大学社区中英国人占大多数,75%的教职员、85%的本科生以及将近50%的研究生都是英国公民。剑桥大学主要致力于培养优秀的英国学生,这个主张完全符合剑桥大学在各个方面变得越来越国际化。

▶ **学生C口译评价与解析:**

该生的总体口译质量尚可,有两个小问题。第一个问题和前面一位同学一样,"institution"没有翻译准确。第二个问题就是对"the Cambridge University Community"的翻译过于拘泥于字面意思,该生将其翻译成了"剑桥大学社区",其实这里的"社区"两字可以省略。

▶ **学生C口译笔记:**

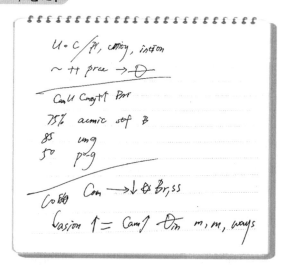

▶ **学生C口译笔记评价:**

该生的笔记简洁明了,可见该生基本掌握用缩略语以及首字母记录的技巧。在意群的分割上,该生做得比较好,能用斜线和横线来区分不同的意群。在符号的使用上,该生能用小星星符号表示"outstanding",用"⊖"表示"world",用数学符号"="表示"be consonant with",

说明该生对基本符号掌握得较好，能完成一份比较完整的口译笔记。

教师笔记	笔记讲解
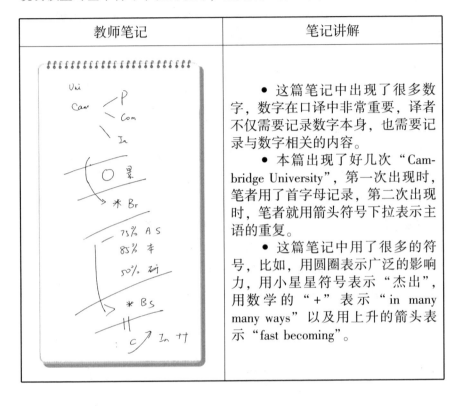	• 这篇笔记中出现了很多数字，数字在口译中非常重要，译者不仅需要记录数字本身，也需要记录与数字相关的内容。 • 本篇出现了好几次"Cambridge University"，第一次出现时，笔者用了首字母记录，第二次出现时，笔者就用箭头符号下拉表示主语的重复。 • 这篇笔记中用了很多的符号，比如，用圆圈表示广泛的影响力，用小星星符号表示"杰出"，用数学的"+"表示"in many many ways"以及用上升的箭头表示"fast becoming"。

二、教育楷模

1. 背景知识

Huaping High School for Girls, which was founded by Zhang Guimei in 2008, was the first high school in the country to provide free education for girls who would otherwise have been unable to continue their studies after completing their nine years of compulsory education. Zhang Guimei won the nominees for the "Touching China 2020" national prize. Despite having serious health problems for 12 years, she has always taken morning classes together with the students.

The motto for Huaping High School is "I was built to be a mountain not a creek, rising to the high peaks with the small valleys at my feet. I was born to be great, not worthless, standing on the shoulders of the giants, the petty cowards beneath me!"（我生来就是高山而非溪流，我欲于群峰之巅俯视平庸的沟壑。我生来就是人杰而非草芥，我站在伟人之肩蔑视卑微的懦夫！）

2. 相关词汇

take one's toll 遭受损伤

long-held beliefs 长期坚持的信念

3. 源语发言

Zhang even moved to school to live with her students. A daily fixture was her voice through the loudspeakers reminding girls to be responsive, focused, and persistent. The efforts paid off. Over the past 13 years, her school has sent 1,800 girls to university. Yet years of hard work and pressure have taken their toll on Zhang. She relied on her medication and her long-held beliefs to carry on.

4. 目的语翻译

张桂梅甚至搬到学校和她的学生们住在一起。每天，她都会通过喇叭，提醒女孩们要反应迅速、专心学习和坚持不懈。功夫不负有心人。过去13年间，有1800名女中毕业生成功考入大学。然而，由于多年的辛苦工作和压力让张桂梅的身体每况愈下。她必须靠服药和信念才能坚持下去。

5. 要点解析

（1）A daily fixture was her voice through the loudspeakers…

这边"fixture"不是"固定"的意思，这里要结合上下文，以及视频的画面，翻译成"每天"即可，不需要直译为"每天的固定节目"，可简单地翻译成"每天"，就比较符合原文。

（2）… reminding girls to be responsive, focused, and persistent.

笔者有一个30名学生的班级，有4名学生的口译笔记将"responsive"记成了"responsible"，还有一些学生虽然笔记写的是"responsive"，但是在口译的时候，还是下意识翻译成了"负责的"。这个问题值得思考。说明大家做口译的时候，喜欢下意识地将一些画面和一些常用词进行搭配，比如，此处乍一听会理解为"负责、专注"，但是如果仔细听，除了两者有发音不同，还要注意视频内容的衔接。视频中同学们匆忙买好早饭，就跑上楼，说明有点拖拉，时间来不及。所以张校长提醒学生要反应迅速，而不是提醒大家要负责。

▶ **学生A口译表现：**

张桂梅甚至住在学校，与她的学生住在一起。每天早上通过喇叭，提醒女孩们保持反应敏捷、保持专注、坚持不懈。她所做出的努力，在过去13年间终于得到了回报，她将1800名女生送到大学的殿堂。然而，多年的工作劳累和压力对张桂梅造成了<u>无法逆转</u>的伤害，她只能依靠药物和长期以来的信念坚持下去。

▶ **学生A口译评价与解析：**

该同学口译的质量很高，只存在一个小问题，即增译了"无法逆转"，其实不需要增译，只需要把本来的意思翻译出来即可。例如，可以翻译成"使她的健康每况愈下"。另外，建议可以先翻译"The efforts paid off."这个部分，然后再翻译"Over the past 13 years, her school has sent 1,800 girls to university."，也就是按照源语的语序，翻译成："功夫不负有心人。过去13年间，1800名女中毕业生成功考入大学。"我们经常说做口译要多用顺译的方式，这样可以减轻记忆的负荷。

▶ **学生A口译笔记：**

▶ 学生A口译笔记评价：

该生的口译笔记逻辑性还是非常强的，用了很多的小斜线来进行意群的分割。在记录"take a toll"（对……造成损害），该生用一个"×"，表示"损害"的含义。同时，她还用了向下的箭头表示动词"rely on"。在口译中，我们经常会使用箭头来替换动词，大多数情况下，我们只需要记录主语和宾语即可，因为通过主语和宾语，我们就可以自然而然地推导出谓语的含义。

▶ 学生B口译表现：

张桂梅搬进学校和学生住在一起。每天早上，她都会用大喇叭提醒学生要有责任心、专心学习和坚持不懈。功夫不负有心人，在过去的13年里，1800名女生考进了大学。然而长期的工作和压力给张桂梅的身体造成了伤害，她必须依靠药物和长期坚持的信念坚持下去。

▶ 学生B口译评价与解析：

总体而言，该生的口译质量尚可，有两个问题。第一个是对"a daily fixture"的翻译有所增译，该同学翻译成了"每天早上"，其实只需要翻译成"每天"即可。第二个是将"responsive"听成了"responsible"，结合了她的口译笔记，笔者发现她是遵循了口译笔记的记录原则，只记录单词的前三个字母，但是"responsive"和"responsible"前三个字母都是"res"，因此结合学生口译中的惯性思维，此处翻译成了"要有责任心"，造成了误译。

▶ 学生B口译笔记：

▶ **学生B口译笔记评价：**

该生的口译笔记很有自己的风格。在记录"loudspeaker"的时候，她画了一个可爱的小喇叭，记录"girls"的时候，她画了一个小火柴人，在最后一句，她画了一个小药丸来表示"medication"。虽然很可爱也很有创意，但是，从实际操作的角度来说，用自创的符号来记录相对简单的词可能会耗时，比如画一个火柴人就比单纯用首字母G来记录"girls"要多花时间。当然，每位同学应该有自己的口译符号，所以我们说口译笔记归根到底还是自己的记录系统。我们可以看到该生对其他的符号也使用得比较好，比如"The efforts paid off."这边就用"√"表示"功夫不负有心人"的正面含义。

▶ **学生C口译表现：**

张校长甚至搬到学校与学生一起住。每天早上，她都会通过广播告诉女孩们要有责任感、关注且坚持不懈。最终她的努力没有白费。13年间，华坪女子高中共有1800名学生考入大学。但是，多年的劳累和压力下，张桂梅的身体每况愈下，只能依靠药物和长期的信念坚持下去。

▶ **学生C口译评价与解析：**

该同学口译的质量较高。只有一个明显的问题，就是和上一个同学一样，这位同学将"responsive"听成了"responsible"，误译成了"有责任感"。另外，建议将第一句的"张校长"翻译成"张桂梅"。因为第一次出现的姓名最好出现全名，后面再次出现时，可以用简称。

▶ **学生C口译笔记：**

> 学生C口译笔记评价：

这位同学的口译笔记比较清晰，逻辑性很强，特别是最后两句记录很好，直接用了目的语进行记录，用"劳+压"表示"hard work and pressure"，用"M+信"来表示"medication and her long-held beliefs"，简洁明了，很清晰。同时，该生使用"⊗"表示源语中的"take a toll on"（每况愈下）。如果仔细看该生的口译，我们可以看到该生一开始写的数字是"180000"，后面删除了一个"0"，说明有了犹豫，也从侧面反映出了学生的数字口译能力还需要提升。

教师笔记	笔记讲解
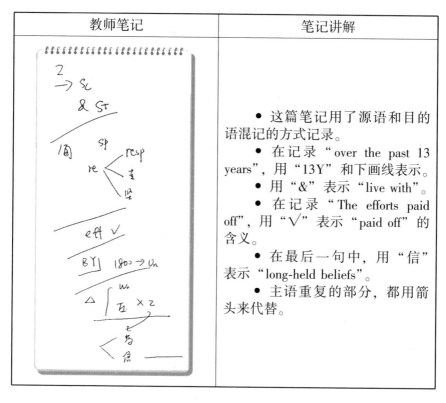	• 这篇笔记用了源语和目的语混记的方式记录。 • 在记录"over the past 13 years"，用"13Y"和下画线表示。 • 用"&"表示"live with"。 • 在记录"The efforts paid off"，用"√"表示"paid off"的含义。 • 在最后一句中，用"信"表示"long-held beliefs"。 • 主语重复的部分，都用箭头来代替。

三、英语学习

1. 背景知识

Patricia Kuhl is the professor at the University of Washington. She is famous for her research on language learning and studies how the young children learn the language. In her TED talk, she shared the findings about how babies learn the language and draw the conclusion that the babies took statistics while listening to the language.

2. 相关词汇

MEG machine 脑磁图显示器

pellet 小球

unconstrained 不拘束的

tour de force 杰作

auditory area 听觉区域

3. 源语发言

We are the first in the world to record babies in a MEG machine while they are learning. So, this is little Emma. She is a six-monther, and she's listening to various languages in the earphones that are in her ears. You can see, she can move around. We're tracking her head with little pellets in cap. So she's free to move completely unconstrained. It's a technical tour de force. We see the baby brain as the baby hears a word in her language, the auditory areas light up. And subsequently areas surrounding it that we think are related to coherence.

4. 目的语翻译

我们是世界首例，用脑磁显示器记录婴儿，记录他们学习的脑图。这是小爱玛。她有六个月大。她正通过她的耳机聆听多种语言。大家可以看到，她可以移动。我们正用她帽子上的小球记录她的脑图。所以她完全不受束缚地自由移动。这是一个技术上的杰作。我们看到婴儿的大脑，当婴儿听到语言中的一个词，大脑中的听觉区域亮起来，然后它周围的其他区域也亮起来，我们认为这是有关联的。

5. 要点讲解

（1）We're tracking her head with little pellets in cap.

一些同学将"tracking"翻译成"跟踪"，这里可以翻译为"记录"。结合上下文意思，"track her head"这里可以译为"记录脑图"，不是"跟踪脑袋"。

（2）She's listening to various languages in the earphones that are in her ears.

有些同学翻译成"耳朵里面的耳机"，这里不需要逐字翻译，只需

第五章　口译笔记实战演练 081

要翻译成"耳机"即可。

▶ 学生A口译表现：

　　我们是世界上第一个用MEG追踪宝宝学习。这是6个月大的艾玛。她正通过耳机听各种语言。我们可以看到，她可以移动。我们用她的帽子来记录她的脑子。所以她可以自由移动。这是技术上的杰作。我们看到这个宝宝的大脑，她一旦听到一个词，脑子里负责听力的区域会亮起来，然后周围区域也会亮起来。

▶ 学生A口译评价与解析：

　　这篇源语来自"TED talk"，相比较之前做的练习，有点难度。这里有三个问题。

　　（1）第一句结束得比较突然，有点戛然而止的感觉，可以这样翻译："我们是世界首例，用脑磁显示器记录婴儿，记录他们学习的脑图。"

　　（2）该生可能因为对"pellets"这个单词不是特别熟悉，所以翻译成"用她帽子来记录她的脑子"，正确的翻译应该是"我们用她帽子上的小球，记录她的脑图"。

　　（3）最后一句话漏译了"related to coherence"，需要加上"我们认为这是有关联的"。

▶ 学生A口译笔记：

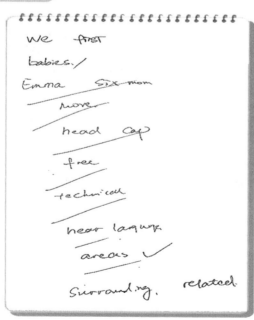

学生 A 口译笔记评价：

该生在记笔记的时候，还是没有改变记全单词的习惯。特别是一开始，基本上属于"dictation"的记录方法。后面该生能运用一些简单的符号进行记录。但总体而言，还是太倾向于记录整个单词。特别像"baby""language"这类单词完全可以只记录前几个字母，如果一直拘泥于整个单词的记录，就很容易遗漏后面的信息，比如，最后一句话"And subsequently areas surrounding it that we think are related to coherence.",这里只记录了"surrounding""related"这两个单词，导致后面的"coherence"就来不及记录了。

学生 B 口译表现：

我们是世界首个用脑磁图显示器记录婴儿学习的机构。这是 Emma，她六个月大了。她正通过耳朵里面的耳机听各种语言。我们可以看到，她可以自由移动。我们用她帽子的小点来记录她。所以她可以不受约束地动来动去。这是技术上的进步。我们可以看到，她一旦听到一个词，脑子的听力区域就会亮起来，然后周围区域也会亮起来，这应该是有关联的。

学生 B 口译评价与解析：

这位同学的口译质量尚可，但有三个小问题。

（1）第一句中，该生可能也意识到了，如果翻译成"我们是世界首个用脑磁图显示器记录婴儿学习"，感觉有点戛然而止，因此她在后面加上了"机构"二字。虽然在表述上是通顺的，但是和本来的意思还是有差异。这边不建议增译。

（2）"通过耳朵里面的耳机"这样的表述略显奇怪，可以简单翻译成"耳机"即可。

（3）"technical tour de force"中的"tour de force"没有翻译出来，应该是"技术上的杰作"的意思。

▶ 学生B口译笔记：

▶ 学生B口译笔记评价：

  该生的口译还是比较清晰的。我们一边对照她的口译情况，一边来看她的口译笔记，会发现几个有趣的现象。第一，我们发现，对于第三句，她记录了"听""耳""ears"等词，虽然记录较多，但没有仔细分析其中的逻辑关系，所以翻译出"耳朵里面的耳机"这样并不通顺的短语。第二，我们发现笔记中没有"tour de force"，估计该生对这个表达不是很熟悉，说明之前没有好好预习重要词汇。

教师笔记	笔记讲解
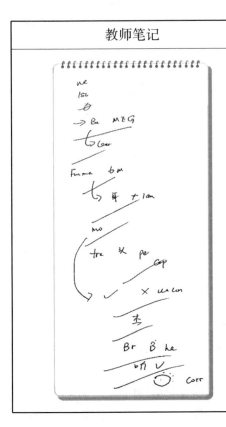	• 在这篇口译笔记中，因源语中有比较多的重复，所以运用了较多的箭头符号。比如，"she's listening to various languages"和"the baby hears a word in her language"。在表示相同意思的时候，将箭头符号下拉，比较节省时间。 • 同样，源语有"she can move around"和"she's free to move completely unconstrained"意思相近的句子，也是用箭头符号来代替相近的意思。

四、毕业就业

1. 相关词汇

chill wind 寒风

Keele University 基尔大学

dole queue 领取失业金的队伍

downturn 下降

recession （经济）衰退

scary 可怕的

2. 源语发言

There is a chill wind blowing through the campus of Keele University these days and it's nothing to do with the weather. Students fear the recession and the downturn in graduate recruitment may mean their studies lead them nowhere, but a dole queue. Students' Union president Talah Omran Al Rubaie already has her degree, and will give up her union post this summer, but she's not looking forward to launching herself onto the job market.

"The fact that, you are graduating today, and tomorrow you might not be able to get a job, is a very very scary prospect. I think it also has an impact on the students that have just graduated from high school, or leaving at 16, and they're thinking 'Is it worth coming to university? Is it worth getting a degree?'"

3. 目的语翻译

最近几天,在基尔大学刮起阵阵"寒风",但是"寒冷"和天气无关。学生担心经济衰退和就业市场的不景气,意味着他们将学无所成,只能去领取失业救济金。学生会主席 Talah Omran Al Rubaie 已经拿到了学位,并且将在今年夏天放弃学生会主席的职位,但是她没有做好投身就业市场的准备。

"今天毕业,明天可能找不到工作,这是很可怕的。我认为这对高中毕业,或者16岁就辍学的同学们有影响,他们会思考:'上大学是否值得?获得学位是否值得?'"

4. 要点讲解

(1) Students' Union president Talah Omran Al Rubaie …

很多同学对如何翻译"Talah Omran Al Rubaie"感到很困惑。其实很多时候,名字不需要翻译,可直接音译。比如,这句话可以有两种处理方式,一种是直接翻译成"学生会主席 Talah",另一种是翻译成"学生会主席"。第二种方式虽然会扣一点小分,但是不至于把名字翻错。特别是在正式会议场合,把名字译错是比较尴尬的。

(2) Students' Union president …

有几位同学对"union"不知道如何翻译。有一位同学翻译成了"工会"。显然,这里的"Students' Union",应该翻译成"学生会"。

(3) "The fact that, you are graduating today …"

很多同学一听到"The fact that",马上就下意识翻译成"事实上"。但是"the fact that"此处是充当同位语。因此,很多情况下"The fact that …"放开头,一般不需要翻译成"事实上",只需要翻译后面的部分即可。

(4)"... leaving at 16 ...".

"... leaving at 16 ..."翻译成"……16岁就离开……",看似没有问题。但是,结合上下文,"students that have just graduated from high school",因此,这里比较合适的翻译应该是"16岁就辍学"。

▶ 学生A口译表现:

这几天,寒风在基尔大学的校园中呼啸着,但这其实与天气无关。同学们担心经济衰退以及毕业生就业的低迷,这意味着他们可能无处可去,只能排队去领失业救济金了。学生会主席已经拿到了她的学位,并且今年夏天,她会辞去学生会主席一职。但她并不期待自己进入就业市场。

她说:"事实上,今天你毕业了,但明天你可能无法得到一份工作,这是一个非常可怕的前景。我认为会影响到今年高中毕业的高中生和16岁离开学校的学生,他们会思考:'是否值得去读大学?是否值得去获得一个学位?'"

▶ 学生A口译评价与解析:

这位同学的口译整体质量非常高。语句通顺,表达流利,几乎没有大的语言失误,主要的信息点都翻译出来了。唯一的一个小问题,就是将"The fact that ..."翻译成了"事实上",其实在这句话中,只需要翻译出来"The fact that..."同位语从句的后半部分即可。

▶ 学生A口译笔记:

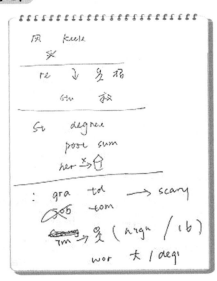

▶ 学生A口译笔记评价：

该学生的口译笔记逻辑较强，每一个意群都有分割。该生的口译笔记很有自己的想法，比如，使用了在关键词的上面画一个"×"的记录法。如在"job"上画一个"×"，表示"but she's not looking forward to launching herself onto the job market"。笔者的建议是，符号可以记录在关键词的前面，以防遮挡关键词。同时，该生也比较喜欢画小人，虽然不影响本次口译的质量，画得也比较可爱，但是如果碰上难度大的源语，还是建议尽量简化笔记符号。

▶ 学生B口译表现：

寒风吹遍了整个基尔大学的校园，但是这与天气无关。学生们担心经济衰退以及毕业后招聘人数的下降，或许他们的学习不会引领他们前往任何地方，而是领救济金的队伍。学生会主席已经取得了学位，这个夏天她已经辞去了学生会的职位，但她并不打算将自己置身于就业市场。事实就是，你今天毕业了，明天你就有可能找不到工作，这是非常可怕的前景。我认为这对学生也会有影响，他们可能高中毕业或者16岁就离开学校。他们认为进入大学是较差的选择，同时得到文凭也是较差的选择。

▶ 学生B口译评价与解析：

这位同学的口译有比较明显的失误。

（1）对"the downturn in graduate recruitment"翻译不到位，该生翻译成了"招聘人数的下降"，其实这边更多的含义应该是"就业市场的不景气"，而不是单单指招聘人数。

（2）最后一句的翻译属于比较大的失误了，为什么会翻译成了"进入大学是较差的选择"？仔细查阅其口译笔记，笔者发现原来该生将"worth"误听成了"worse"，仅仅一词之差，却导致意思相差如此之大。

▶ 学生B口译笔记：

▶ 学生B口译笔记评价：

该生的口译笔记整体的逻辑还是比较清晰的，从对意群的分割上可以看出该生对于整篇口译听力材料的逻辑划分。从整篇笔记可以看出，该生符号使用得比较适当，对于箭头的使用也颇为熟练。但是，我们可以看到一个很明显的错误，该生将最后一句中的"worth"误听成了"worse"，在记录的时候，也记成了"worse"。所以，在翻译的时候，该生就误译成"他们认为进入大学是较差的选择，同时得到文凭也是较差的选择"。

▶ 学生C口译表现：

这几天，吹过基尔大学的寒风与天气毫无关系。学生们担心经济衰退和毕业市场的不景气。这可能意味着他们的学习不会对他们有任何帮助，只会导致失业。学生会主席塔拉·贝拉奥杜白已经拿到了学位，今年夏天她已经辞去了学生会主席的职位。但她并不期待自己进入就业市场。事实上，今你今天就毕业了，明天你就可能找不到工作，这真是可怕的前景。我认为这也对高中毕业或者16岁就辍学的学生有影响。他们在想，是否值得上大学？是否值得获得学位？

▶ 学生C口译评价与解析：

该生的口译整体质量较高，基本上没有太大的信息遗漏，但是有两个问题。第一个问题就是第一句，"吹过基尔大学的寒风与天气毫无关系"有点不通顺，该生基本上将第一句"There is a chill wind blowing through the campus of Keele University these days and it's nothing to do with the weather."中的两个分句合在一起翻译了，其实可以分开来翻译。第二个问题就是该生把"Talah Omran Al Rubaie"的名字翻译成了"塔拉·贝拉奥杜白"，其实可以不用硬翻，直接翻译成"学生会主席塔拉"即可。

▶ 学生C口译笔记：

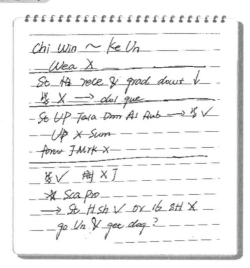

▶ 学生C口译笔记评价：

该生的口译笔记还是采用横向记录的方式。建议后续采用纵向排列较好，方便分析逻辑关系。从笔记可以看出，该生对于数学符号的使用还是非常熟练的，比如，"wea×"、"学×"、"学√"以及"学×"，能较好记录原文所表达的语义。我们可以看到该生认真记录了"Tala Dorr Al Rub"，在翻译名字的时候也想尽量还原，但是翻译得不是很好。其他的部分记录比较全面，所有的关键信息基本都能用首字母或者单词的前几个字母记录。

教师笔记	笔记讲解
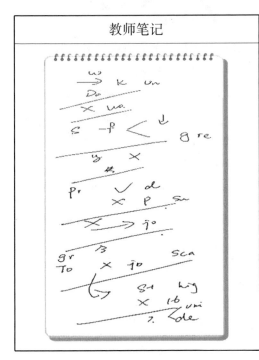	• 这篇源语是新闻，所以语速较快。因此，在记录的时候，笔者基本上采用首字母记录的方式，节省时间的同时也可以做到一边听，一边记，一边分析逻辑结构。 • 在记录诸如"downturn"以及"recession"的单词时，笔者就会用下降的箭头表示趋势。 • 在记录最后一句的时候，用"?"表示整个句子是疑问句。

五、本章练习

练习一

源语：Sport not only builds one's physique, but also teaches communications, cooperation and respect for others. It is also an important medium for strengthening the ties among different civilization and values.

目的语：体育运动不仅让我们拥有强健的体魄，更让我们学会沟通、合作和尊重他人，也是不同文明和价值观之间加强联系的重要媒介。

口译笔记	笔记讲解
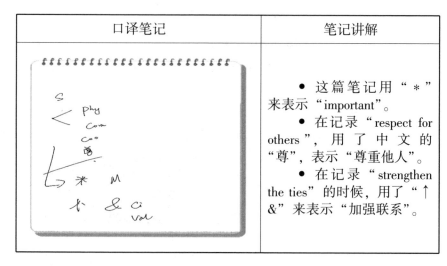	• 这篇笔记用"＊"来表示"important"。 • 在记录"respect for others"，用了中文的"尊"，表示"尊重他人"。 • 在记录"strengthen the ties"的时候，用了"↑&"来表示"加强联系"。

练习二

源语：Sport has given expression to humanity's aspirations for and pursuit of a peaceful and better world, as evidenced in the Olympic spirit that came into being more than 2,000 years ago.

目的语：体育运动承载着人类对和平、美好世界的向往与追求。这一追求的具体体现诞生于两千多年前的奥林匹克精神。

口译笔记	笔记讲解
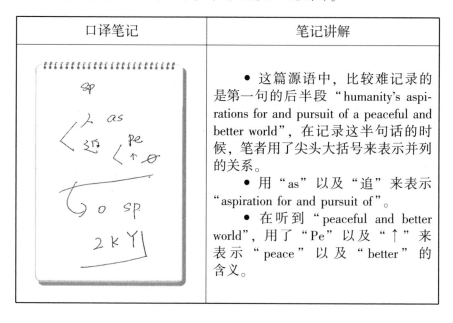	• 这篇源语中，比较难记录的是第一句的后半段"humanity's aspirations for and pursuit of a peaceful and better world"，在记录这半句话的时候，笔者用了尖头大括号来表示并列的关系。 • 用"as"以及"追"来表示"aspiration for and pursuit of"。 • 在听到"peaceful and better world"，用了"Pe"以及"↑"来表示"peace"以及"better"的含义。

练习三

源语：If I am not mistaken, the traditional Chinese work ethic is based on Confucianism, which stresses the benefit of communal harmony rather than individual freedom.

目的语：如果我没理解错的话，中国传统的工作理念是以儒家学说为基础的，这种思想强调整体和谐高于个体自由。

口译笔记	笔记讲解
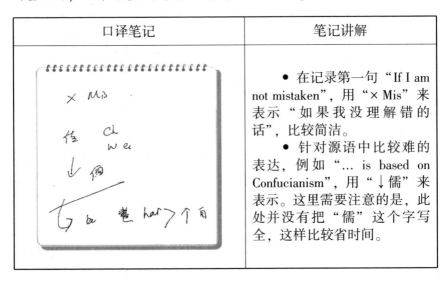	● 在记录第一句"If I am not mistaken"，用"× Mis"来表示"如果我没理解错的话"，比较简洁。 ● 针对源语中比较难的表达，例如"… is based on Confucianism"，用"↓儒"来表示。这里需要注意的是，此处并没有把"儒"这个字写全，这样比较省时间。

练习四

源语：It's really very hard to say which is better because of the cultural differences. With the economic globalization, cultural exchanges have become more and more extensive and Americans and Chinese will know and understand each other better.

目的语：由于文化差异的存在，真的很难说哪种理念更好。随着经济全球化，文化交流也随之变得越来越广泛，美国人民和中国人民将会更加互相了解和理解。

口译笔记	笔记讲解
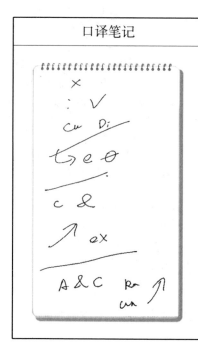	• 在这篇笔记中，用 ":" 来表示 "say"。在口译笔记中，":" 这个符号使用非常广泛，因为它可以用来表示 "说"（"speak""talk""address"）和 "演讲"（"speech"）的含义。 • 在这篇笔记中，在记录 "economic globalization" 的时候，使用了 "e θ" 的符号。 • 在表示 "more and more" 以及 "better" 的时候，用向上的箭头符号 "↑" 表示越来越好的趋势。

练习五

源语：Dear graduates, on this wonderful day when we are gathered together to celebrate your academic success, and as you stand on the threshold of what is sometimes called "real life", I would like to talk to you about the benefits of failure.

目的语：各位毕业生，在今天这个美好的日子，我们聚集在一起，共同庆祝你们在学业上取得的成就。我想在你们即将迈入所谓的 "现实生活" 大门之际，跟你们谈一下失败的益处。

口译笔记	笔记讲解
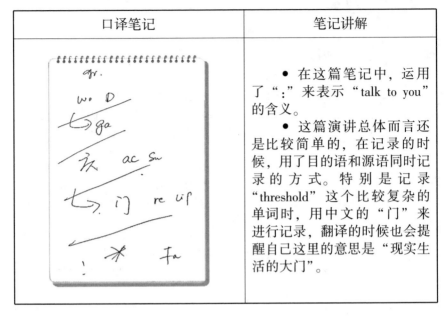	● 在这篇笔记中，运用了"："来表示"talk to you"的含义。 ● 这篇演讲总体而言还是比较简单的，在记录的时候，用了目的语和源语同时记录的方式。特别是记录"threshold"这个比较复杂的单词时，用中文的"门"来进行记录，翻译的时候也会提醒自己这里的意思是"现实生活的大门"。

练习六

源语：So why do I talk about the benefits of failure? Failure taught you things about yourself that you could not have learned other way. You will never truly know yourself, or the strength of your relationships, until both have been tested by failure or adversity.

目的语：那么为什么我还要讨论失败的好处呢？失败让你看清了自己，这是你无法通过其他方式学到的。你可能不会真正认识自己，或了解身边人的力量，除非你经历过失败或者逆境。

口译笔记	笔记讲解
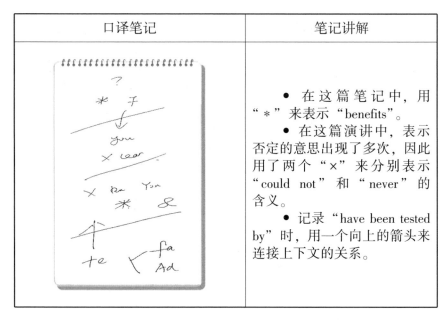	• 在这篇笔记中，用"*"来表示"benefits"。 • 在这篇演讲中，表示否定的意思出现了多次，因此用了两个"×"来分别表示"could not"和"never"的含义。 • 记录"have been tested by"时，用一个向上的箭头来连接上下文的关系。

练习七

源语：The increase in educational investment needs to come at all levels. Universities are important factors. Broad-based education is an important challenge. I think we can make that more effective. If you want to learn about chemistry or physics, the world's best lectures on that can be found on the Internet.

目的语：加大对教育的投入要在各个层次实现。大学是重要因素。广泛的教育是一个重大挑战。我认为我们可以使它更有效。如果想学化学或者物理，你可以在互联网上找到世界上最好的讲座。

口译笔记	笔记讲解
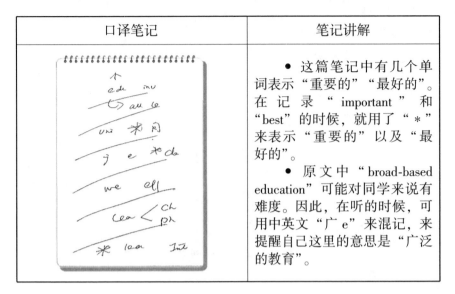	• 这篇笔记中有几个单词表示"重要的""最好的"。在记录"important"和"best"的时候，就用了"﹡"来表示"重要的"以及"最好的"。 • 原文中"broad-based education"可能对同学来说有难度。因此，在听的时候，可用中英文"广 e"来混记，来提醒自己这里的意思是"广泛的教育"。

练习八

源语：Academic material will easily be collected on the Internet. Students will be able to watch video, test their knowledge, and talk to other students. I do think that we can revolutionize education. It's not just the students, but also teachers.

目的语：学术资料可以轻松在互联网上获得。学生们可以在网上看视频，做知识测试，与其他同学交流。我认为我们可以进行教育改革，不仅仅是针对学生，还包括老师。

口译笔记	笔记讲解
	• 这段原文比较简单，笔记基本上都是用首字母记录的。 • 用大括号来表达并列的含义。"watch video""test their knowledge""talk"可分别用"w v""te kn"":"进行记录。

第三节 商务会展

一、全球油价

1. 相关词汇

Persian Gulf 波斯湾
crude 原油
boom 繁荣
surplus 多余的
shale rock 页岩
unleash 释放
horizontal drilling 水平钻井
supplies outstrip demands 供大于求

2. 源语

When it comes to oil, it used to be all about the Middle East. Today, the Persian Gulf still has plenty of crude, but the boom is global. We produce a surplus of two to three million barrels per day. Oil buried deep beneath the earth's surface in shale rock can now be accessed with new technologies like fracking and horizontal drilling.

In 2014, US oil production saw its biggest jump in more than a hundred years. And it's not the only country to unleash a flood of crude. Production in Canada and Brazil has also hit record levels. At the same time, there are more alternatives to oil like natural gas and renewables. When oil supplies outstrip demands, prices fall. And cheap oil has consequences.

3. 目的语翻译

过去当我们提到石油，总是只想到中东地区。今天，波斯湾仍然有大量的原油，但是全球的石油市场却一片繁荣。我们每天都生产200万至300万桶石油。石油深深埋在地表的页岩层，现在可以通过水力压裂技术或者水平钻井技术获得。

在2014年，美国的石油生产创下百年之最。但是不仅仅是美国生产出大量的石油,加拿大和巴西的石油产量也创历史新高。同时也有更多石油的替代能源,比如天然气和可再生能源。当石油供大于求,价格就会下跌,但是便宜的石油也会带来一系列的后果。

▶ 学生 A 口译表现:

当我们说到石油的时候,过去它总是关于中东的。而如今,波斯湾也有大量的原油。这也是一种世界性的繁荣。我们每天生产大概 200 万至 300 万桶石油,石油埋在地表很深的岩石处,现在我们通过最新的科技来得到它。比如压裂技术,以及水平钻井技术。

2014 年美国的石油产量大于过去的 100 年,而美国不仅仅是唯一一个石油产量如此激增的国家,在加拿大和巴西,石油产量也创历史新高,同时也有更多石油的替代能源,比如天然气和可再生能源,当石油供大于求,它的价格就会下跌,也带来一系列的后果。

▶ 学生 A 口译评价与解析:

这位同学的口译有 3 个比较明显的问题。

(1) 没有翻译出 "We produce a surplus of two to three million barrels per day." 中的 "surplus",这里应该是 "多生产" 的含义。

(2) "In 2014, US oil production saw its biggest jump in more than a hundred years." 这句话翻译错误,不是 "2014 年美国的石油产量大于过去的 100 年",而是 "2014 年美国的石油产量创下了百年之最"。

(3) 最后一句翻译缺少了主语,应该是 "便宜的石油也会带来一系列的后果"。

▶ 学生A口译笔记：

▶ 学生A口译笔记评价：

该生的口译笔记还是存在记录过多，或者说太专注于记录本身，而缺少对源语的逻辑分析。

我们拿该生失误的三句话来看，就可以发现其口译笔记的问题。首先，当她记录"We produce a surplus of two to three million barrels per day."的时候，该同学记录了"prod"，"2~3 mill"以及"day"。但是唯独没有记录下"surplus"这个单词，因此，翻译的时候没有把"多余的"这个意思翻译出来。其次，该生用了"2014 美 油产量>100 yrs"来记录"In 2014, US oil production saw its biggest jump in more than a hundred years."。虽然主要信息都记录了下来，但是口译的时候翻译成了"2014年美国的石油产量大于过去的100年"，说明该生记录的时候太执着于每个单词的记录，在边听边分析上仍有进步的空间。

学生 B 口译表现:

当谈到石油问题,人们大多会想到中东地区。现今,波斯湾仍有大量原油,但繁荣是全球性的。我们每天都会生产 200—300 万桶石油。现在,通过压力以及水平钻井等新技术,可以获取深埋在页岩下的石油。

2014 年,美国的石油产量创下了 100 多年的最大增幅,但是美国并不是唯一一个释放大量原油的国家,加拿大和巴西的石油产量也创下了历史新高。同时,还有更多的石油替代品,如天然气和可再生能源。当供大于求,石油的价格就会下降,而石油价格下跌会产生一系列的影响。

学生 B 口译评价与解析:

总体而言,该生口译的质量还是非常高的,基本上没有太大的失误,只有两个小问题。

(1) 第一句,"When it comes to oil ...",可以简单翻译成"当谈到石油……"即可,不需要加上"问题"二字。

(2) "fracking"是比较专业的词,这里可以翻译成"压裂技术"。

学生 B 口译笔记:

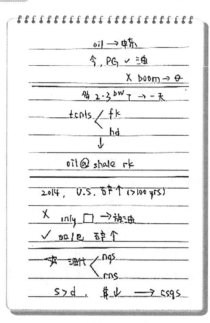

▶ 学生B口译笔记评价：

该生出色的口译表现和他的口译笔记有很大的关系。我们可以看到该生的笔记逻辑清晰，记录的信息既全面又简洁。例如，很多同学错译的这句话"We produce a surplus of two to three million barrels per day.",这位同学是这样记录的："多2-3^{bw}T→一天"，仅一个"多"字就能帮助其后面进行准确的目的语翻译。同时，该生在记录"When oil supplies outstrip demands"这句话的时候，用"S>d"来表示，非常简单明了。

▶ 学生C口译表现：

每当提到石油，过去想到的就是中东。如今，波斯湾仍有大量的石油。但是，繁荣是全球性的，我们每天生产200万至300万桶石油。现在，人们可以通过水力压裂和水平钻井等新技术来开采深埋在地球页岩下的石油。

2014年，美国实现100年以来原油的最大增幅。但是，美国不是唯一一个石油大幅增长的国家。巴西和加拿大的石油产量也创下历史新纪录。与此同时，也有更多的石油替代品在增加，如天然气和其他可再生能源。当石油产量供大于求时，石油价格就会下降，而石油价格下降就会产生一系列的影响。

▶ 学生C口译评价与解析：

该生口译的总体质量尚可，但存在一个比较大的问题和一个小问题。比较大的问题是"We produce a surplus of two to three million barrels per day."一句，该生和第一位同学一样，并没有对"surplus"这个单词给予重视，犯了同样的问题，没有翻出"多"的意思。"每天多生产出来200万至300万桶石油"和"每天生产200万至300万桶石油"，仅仅一字之差，意思却大相径庭。小问题出现在最后一句，该生重复提到了"石油价格下跌"，在我们口译的过程中，可以避免类似的重复，可以译成"这就会导致一系列的问题"，即用"这"来替代上文提到的内容。

▶ **学生 C 口译笔记：**

[手写口译笔记图]

▶ **学生 C 口译笔记评价：**

  该生的口译笔记比较简洁明了。该生大部分采用源语进行记录，考虑到源语是新闻类题材，语速较快，对于新手来说，使用源语记录是不错的选择。从该生的口译笔记上，我们可以看到很多箭头符号的使用，表示石油价格的上涨及石油价格的下跌。总体而言，该口译笔记的逻辑还是比较清晰的。

教师笔记	笔记讲解
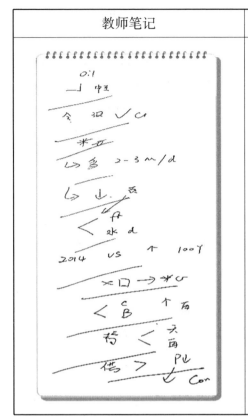	• 在这篇笔记中，笔者运用了较多的符号，并且采用了中英文混记的方式来进行记录。 • "We produce a surplus of two to three million barrels per day." 一句，笔者记成了"多 2-3 M/d"，来提醒自己翻译的时候一定要把"surplus"这个单词翻译出来。 • "And it's not the only country to unleash a flood of crude." 一句，记成了"×□ → * cr"，比较清晰和简洁。

二、冬奥吉祥物

1. 背景知识

Bing Dwen Dwen, the cute mascot of the Beijing 2022 Winter Olympics, has been selling like hotcakes. Why is the ice-glazed panda so popular? What are the ingenious ideas behind its design? The topic tagged Bing Dwen Dwen had attracted 4.8 billion views on Sina Weibo. Daily sales of the mascot hit a record high of nearly 3 million yuan each day.

2. 相关词汇

mascot 吉祥物

shell 外壳

robust 强壮的

3. 源语

What is Beijing Olympic mascot? Beijing's cute Olympic mascot is Bing Dwen Dwen. Bing Dwen Dwen was chosen from thousands of Chinese designs in 35 countries worldwide. Bing Dwen Dwen is a panda that wears a shell made of ice. Bing means "ice" in Chinese, and is meant to suggest purity and strength. And Dwen Dwen means robust and lively, and represents children.

4. 目的语翻译

北京冬奥会的吉祥物是什么？北京冬奥会的吉祥物是可爱的冰墩墩。冰墩墩是从全球35个国家华人设计的作品中选出来的。冰墩墩是一只穿着冰晶外壳的熊猫。"冰"在中文里面代表纯洁和力量。"墩墩"寓意强壮、活泼，常代表小朋友们。

5. 要点讲解

（1）Bing Dwen Dwen is a panda that wears a shell made of ice.

"a shell made of ice"翻译成"冰晶外壳"或者"冰壳"都可以，但是不要翻译成"冰皮"。

（2）... suggest purity and strength

"suggest"这里不要翻译成"建议"，可以翻译成"代表"或"寓意"等。

"purity"这里翻译成"纯洁"较好，冰雪般纯洁的意思，而不是"纯粹"。

（3）robust被不少同学听成了"机器人"，乍一听，发音和robot很像。想想以前我们喝某品牌的牛奶，上面翻译就是robust，想象一下小朋友喝了牛奶后变得很强壮，所以robust在这里翻译成"强壮的"较好。

▶ 学生A口译表现：

北京冬奥会的吉祥物是什么？冬奥会吉祥物是冰墩墩。冰墩墩是从上千幅作品中选出来的。冰墩墩是一只穿着冰壳的大熊猫。"冰"代表纯洁和力量。"墩墩"象征强壮、活泼，代表孩子。

▶ 学生A口译评价与解析：

该生的口译中有一个比较明显的漏译。源语是"in 35 countries worldwide"，但从该同学的口译笔记中，我们可以发现她虽然记录了数字"35"，但是由于只记录了数字，数字后面的单位没有记录，因此在口译的时候，还是漏译了这个关键信息。

▶ 学生A口译笔记：

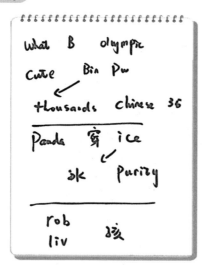

▶ 学生A口译笔记评价：

该生的口译笔记还是存在一些问题。首先，就是对于一些单词的记录，没有采用首字母或者单词前两三个字母的记录方式，如果还是无法摆脱把单词记全的习惯，就会很容易遗漏后续的关键信息。例如，该生在记录"thousand""Chinese""35"之后，就没有记录后面的"countries"，导致后面漏译。

▶ 学生B口译表现：

冬奥会的吉祥物是什么？北京冬奥会的吉祥物是冰墩墩。它是从上千幅作品中选出来的，这些作品来自全球35个国家。冰墩墩是一只穿着冰外套的熊猫。"冰"的中文意思是单纯和力量。"墩墩"的意思是敦厚、老实、活泼好动，一般我们用来指儿童。

学生B口译评价与解析：

　　该生口译的质量尚可，有两处小问题可以探讨一下。第一，对"a shell made of ice"这个部分，该生翻译成"冰外套"，虽然不算错译，但还是不够准确，可以翻译成"冰晶外壳"。第二，就是对"purity"这个单词的把握，可以翻译成"纯洁"，这比该生翻译的"单纯"意思上更为贴切一些。

 学生B口译笔记：

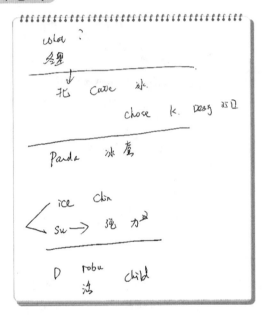

 学生B口译笔记评价：

　　该生的整体口译笔记还是比较清晰的。整篇笔记在逻辑分析以及意群的分割方面都还不错。唯一的小建议，就是针对自己不是很确定的部分，可以用源语进行记录，比如，这里的"a shell made of ice"，该生记成了"冰套"，然后翻译成了"冰外套"。再比如，"purity"，该生记成了"纯"，翻译成了"单纯"，建议用源语记录较好，这样后续翻译的时候，还可以再思考一下正确的表述。

教师笔记	笔记讲解
(手写笔记图)	• 在这篇口译笔记中，用了很多的箭头符号。因为源语有很多相同的主语，如"Bing Dwen Dwen"出现了很多次。因此，用箭头来表示相同的主语，比较省时。 • 此外，也运用了一些符号，例如，用"□"表示"country"，用"θ"表示"world"。

三、上海进博会

1. 背景知识

Foreign diplomats are trying their best to promote the products from their countries at the China International Import Expo (CIIE) in Shanghai.

In their eyes, the CIIE is an opportunity to showcase products from home, as well as an important platform for cultural exchanges.

Many foreign diplomats made their live streaming at the China International Import Expo to promote the products. Their efforts paid off massively as the goods were snapped up within minutes.

2. 相关词汇

retailer 零售商

be keen to 渴望

virtual pavilion 线上展厅

Aegean 爱琴海的

3. 源语

My country Mexico has continued to be present in every edition of this Expo, bringing a message of public and private cooperation in support of Chinese and the companies back in Mexico and Mexican entrepreneurs established in China. We know well the potential that quality products have in this great market. Mexico is keen to approach retailers and consumers in China.

For this fair also, we'll try to arrange some online contacts, our export associations and the Chinese counterparts. We will be having a virtual pavilion here to showcase our products, especially our products from the Aegean region of Turkey.

4. 目的语翻译

我的国家墨西哥仍继续参加每一届进博会，传递公共和私营部门合作的信息，支持在墨西哥的中企和所有企业以及在中国创业的墨西哥企业家。我们深知我们的高质量产品在中国市场的潜力。墨西哥积极在进博会接触中国的零售商和消费者。

这次展会，我们也尽量安排一些线上联系，包括我们的出口协会与中国同行的联系。我们会通过线上展厅来展示商品，尤其是来自土耳其爱琴海地区的产品。

▶ **学生 A 口译表现：**

墨西哥会持续参加后续每一届的进博会，给在墨西哥的中国企业和墨西哥公司传递合作的信息。我们知道如果产品的质量好，会在中国有巨大的潜力。墨西哥会接洽中国的零售商和消费者。

这次展会，我们会安排一些线上的合作，包括出口协会与中国公司的联系。我们会通过展示商品，特别是爱琴海地区的产品。

▶ **学生 A 口译评价与解析：**

总体而言，该生口译的质量总体尚可，对于一些比较难的句子也有自己的处理方式。其中有一处的翻译不是很全面，"Bringing a message of public and private cooperation ..."，该生翻译成了"传递合作的信息"，结合该生的口译笔记，可知该生是记录下了"public"，但是翻译的时候，可能由于紧张，就没有将这个单词翻译出来。此外，最后一句中，该生漏译了"pavilion"这个单词，估计是对该词不熟悉。

▶ 学生 A 口译笔记：

```
Country
  Mexico
  Present
  Expo.
  B→ mess of public
  Coo  ↑   C comp
  + Mexi    ch
  ap <  retail
         consu   ch
  Fair.  Contact
  Asso & chin
  → Pav  sh pro
  Aege  Tur
```

▶ 学生 A 口译笔记评价：

该生的口译笔记比较大的一个问题，就是缺少对意群的分割，建议可以用横线进行分割。结合该生的口译表现来看，该生在记录 "Bringing a message of public and private cooperation …" 的时候，可能因为过于关注记录 public 这个单词，而没有将后面的 "private cooperation" 记录下来，因此在翻译的时候，漏译了"私营部门合作"这个部分。此外，我们可以看到，虽然该生记录了 "pavilion" 这个单词，但是没有将它的意思翻译出来，由此可见该生对该单词较陌生。

▶ 学生 B 口译表现：

我的祖国墨西哥会继续参加进博会，<u>传递公共合作</u>，支持中企以及在中国创业的墨西哥的企业。我们了解高质量产品在中国市场的潜力。在进博会，我们会积极与中国的零售商和消费者联系。

对于这次展会，我们会努力安排<u>联系</u>，包括<u>协会</u>以及中国的联系。

我们会通过展厅来展示爱琴海地区的产品。

▶ **学生B口译评价与解析：**

从该生的口译中，我们可以看出在面对访谈类的口译时，大部分同学的表现尚可，对于整体句子的把握以及逻辑划分等都有自己的理解。在这篇口译中，该生对"Bringing a message of public and private cooperation ..."这个部分的翻译存在问题，应该译为"传递公共和私营部门的合作"。除此之外，还有两个小问题，一是漏译了"online contacts"中"online"，二是将"expo association"仅仅翻译成了"协会"，没有将"出口"翻译出来。

▶ **学生B口译笔记：**

▶ **学生B口译笔记评价：**

该生的口译笔记逻辑性还是比较强的。每个句子之间都有分割，所以，口译表现尚可。从该生的口译笔记中，我们看到了她采用了中英文混记的方式，由此可以看出该生有自己的记录习惯。比如，"expo"，她记录成了"进"；"customers"，她记录成了"顾"。

教师笔记	笔记讲解
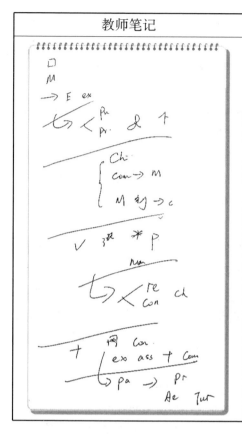	• 在这篇口译笔记中，笔者还是遵循尽量用首字母和符号进行记录的原则。比如，用方块来代表国家，用"＊"来表示"good"。 • 碰到比较容易混淆的单词的时候，比如，需要记录"potential"这个单词，如果采用首字母记录，译者可能会遗忘"P"这个首字母的含义。因此，可用中文来记录，而且只记"潜"的上半部分，不需要记录完整。这样，就可以把精力放在后面的信息处理上。 • 在听到诸如"online"以及"virtual"这类单词的时候，可统一用"网"这个词来表达，既简单明了，又可以用箭头代替重复的内容，一举两得。

四、创业在中国

1. 相关词汇

build from the ground up 白手起家

straightforward 简单的

social game 社交游戏

3D rendition 3D 演绎

avatar 化身

courageous bet 勇敢的一搏

2. 源语

Every day in Beijing, 31-year-old Robin Chan walks through the doors of a multi-million-dollar company he built from the ground up. He's an American who moved to China with one simple idea.

"The idea was straightforward—be the first to build a social game company in China." Chan and his staff at XPD Media design social games, games you play with friends on networking sites like Facebook and MySpace.

"It was a courageous bet, but it was a bet worth making."

Forget about living the American dream, this is the Chinese dream. His company is backed by the founder of MTV.

3. 目的语翻译

在北京的每一天，31岁的Robin Chan都会走进他市值数百万美金的公司，这是他白手起家建立起来的。他是一个美国人，来到中国，怀揣着一个梦想。

"我的想法很简单，就是成立中国首个社交游戏公司。"陈和他在XPD的同事设计游戏，就是你和朋友们在脸谱网和聚友网玩的社交游戏。

"这是勇敢的一搏，但是非常值得。"

忘记所谓的美国梦吧，这是中国梦的时代。他的公司由MTV的创始人资助。

4. 要点讲解

（1）Every day in Beijing, 31-year-old Robin Chan walks through the doors of a multi-million-dollar company he built from the ground up.

有不少学生会翻译成"31岁的Robin Chan走进他白手起家建立的市值数百万美金的公司的大门"。乍听起来，虽然没有问题，但不是很符合中文表达的习惯，这里的定语太长，最好采用顺译的技巧，将长句拆分成短句。

（2）He's an American who moved to China.

有些同学将"moved to China"翻译成"移民到中国"。这里的"moved"，不是"移民"的意思。可以将这句话简单处理成"他是一个美国人，来到中国"。

（3）It was a courageous bet.

有些同学对"courageous bet"不知道怎么翻译，这里的意思不是"勇敢的赌注"。这里的"bet"有"打赌"的意思，考虑到上下文的语境，可以意译为"勇敢的一搏"。

（4）... is backed by the founder of MTV.

有些同学听到"is backed by"，就马上翻译成"支持"。其实，这里翻译成"资助"更确切一些。除此之外，很多学生会漏译"founder"，仅仅翻译成"由 MTV 支持"。这里需要将"founder"的意思翻译出来，可以翻译成"由 MTV 的创始人所资助"。

▶ 学生 A 口译表现：

在北京，31 岁的 Robin 陈每天都要来到他所创立的市值数百万美金的公司。他是一个美国人，之所以来到中国，是源自一个简单的想法。"这个想法很直接，那就是建立中国第一家社交游戏公司。"陈和 XPD 的员工一起设计社交游戏，这是能和朋友们在网络上玩的游戏。比如说，脸书和聚友。

"这是一次豪赌，但是值得尝试。"

放弃美国梦，这里是中国梦。他的公司得到了 MTV 创始人的支持。

▶ 学生 A 口译评价与解析：

这位同学整体口译的质量非常高，几乎没有什么问题。同时，该生语速适中，声音洪亮。

▶ 学生 A 口译笔记：

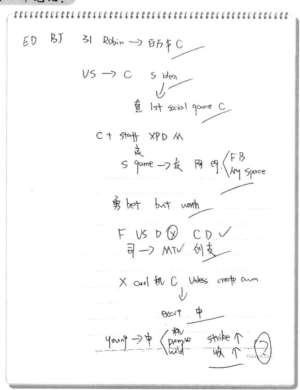

▶ **学生 A 口译笔记评价：**

该生的口译笔记逻辑性较强，该生基本上能将重点信息都记录下来。小斜线的使用可以比较完美地划分意群。从该生的口译笔记中，可以看出她喜欢用箭头来表示动作，比如，用箭头符号表示"walk through""be backed by"等动词词组，以及"move"等动词。之前，我们就说过用箭头符号能代替动词（词组），很显然该生能熟练运用该技巧进行记录。

▶ **学生 B 口译表现：**

在北京的每一天，31 岁的罗宾陈都要走进他创建的价值数百万美金的公司的大门。他是美国人，搬到中国，只是因为一个简单的想法。

他说："这个想法很直接，就是建立中国第一家社交游戏公司。"陈和西佩德信息技术有限公司的员工设计一些能和朋友们一起在网上玩的社交游戏，例如脸谱网和聚友网。

他说："这是一次有胆量的打赌，但绝对值得一试。"

忘了美国梦，这是中国梦，他的公司备受 MTV 创始人的支持。

▶ **学生 B 口译评价与解析：**

该生口译的质量尚可，有两个比较明显的问题。第一个问题，就是很多初学者普遍会犯定语过长的问题。比如，该生的这句话"都要走进他创建的价值数百万美金的公司的大门"显然定语太长，不太符合中文的表达习惯，建议这里可以将其拆分成两个短句，将价值数百万美金和创建的两个部分进行拆分。例如，可以译成"都会走进他价值数百万美金的公司，这是他白手起家创建起来的"。第二个问题，就是我们在口译的时候，一般只用第一人称，不用第三人称，所以文中不需要额外增加"他说"这样的表述。

第五章 口译笔记实战演练 115

▶ 学生B口译笔记：

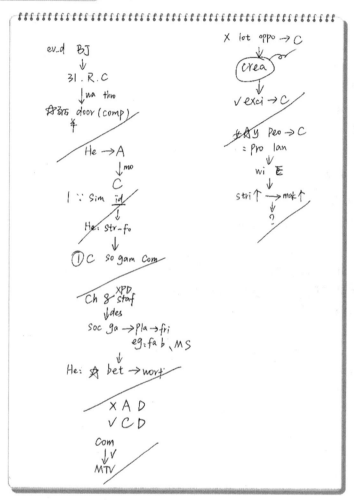

▶ 学生B口译笔记评价：

该生的口译笔记很有逻辑，对意群的划分很不错。同时，我们可以看到该生对箭头的使用非常熟练，这些箭头有的表示动作，例如，用向下的箭头表示"walk""move""build"等。该生还能非常熟练地运用首字母。例如，用 AD 和 CD 来表示"American Dream"和"Chinese Dream"。

▶ **学生C口译表现：**

在北京的每一天，31岁的Robin Chan都会走进他白手起家创立的价值数百万美金的公司的大门。他是一个美国人，搬到中国，源于一个简单的想法。

"这个想法很简单，就是创建中国第一家社交游戏公司。"陈和XPD的员工一起设计能和朋友们在网上玩的社交游戏，例如脸谱网和聚友网。

"这是勇敢的一搏，但绝对值得尝试。"

不要惦记美国梦，这是中国梦。他的公司备受MTV创始人的支持。

▶ **学生C口译评价与解析：**

该生的口译水平较高，基本没有太大的问题。唯一的问题，就是和前面的同学一样，没有将长句进行拆分，造成了定语过长。虽然意思上没有太大问题，但是对于听众而言，不是很符合中文的行文习惯。而且定语过长，会给自己增加记忆负荷，所以还是用短句进行顺译比较好。

▶ 学生 C 口译笔记：

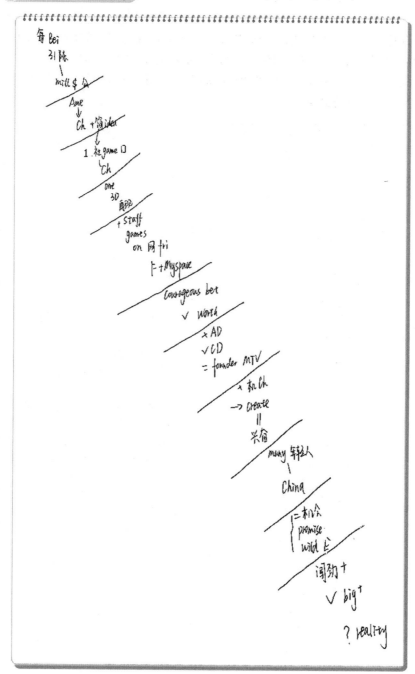

学生 C 口译笔记评价：

该生的口译笔记呈现非常明显的纵向排列的特色。逻辑的划分也比较合理。但是，如果我们仔细查看，还是会发现有点小问题的。比如，她在记录信息的时候，还是比较倾向于记录整个单词，如"staff""games""courageous""bet""founder"等，建议还是要多多练习，学会用更简洁的方式去记录。

教师笔记	笔记讲解
	• 这篇笔记最关键是对长句的信息处理。在记录每个信息点的时候，需要及时在脑中进行信息的预处理，方便后续翻译。 • 这篇笔记还是一贯采用箭头符号、数字符号等。前者用来记录动作以及逻辑关系，后者表示肯定或者否定的含义。例如，用"×AD"表示"forget about the American dream"，用"√CD"表示"This is the Chinese dream."。

五、本章练习

练习一

源语：The legend of Shangri-La started in 1971. Its first luxury hotel was established in Singapore. Up till now, our group owns 72 hotels. Our business scope spans across the Asia-Pacific Region, North America and Mid East.

目的语：香格里拉的传奇始于1971年，第一家豪华酒店在新加坡成立。时至今日，集团已拥有72家酒店，经营范围遍布亚太、北美和中东地区。

口译笔记	笔记讲解
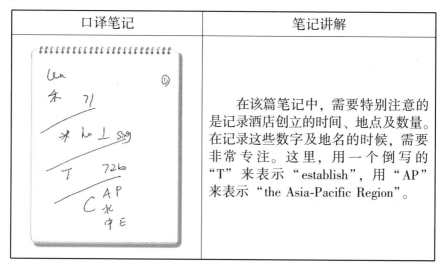	在该篇笔记中，需要特别注意的是记录酒店创立的时间、地点及数量。在记录这些数字及地名的时候，需要非常专注。这里，用一个倒写的"T"来表示"establish"，用"AP"来表示"the Asia-Pacific Region"。

练习二

源语：So as you graduate today, I want to put some pressure on you to acknowledge the hard truths, not shy away from them, and when you see them to address them. At the same time, I want to take some pressure off you. Sitting here today you don't have to know what career you want or how to get the career you might want.

目的语：今天你们毕业，我希望给你们一些压力，让你们认识到，真相虽然难以接受，但很重要。不要逃避，碰到就要勇于面对。同时，我也希望给你们减轻一些压力。今天你们坐在这里，不需要知道自己该选择什么职业，或如何获得理想的职业。

口译笔记	笔记讲解
(笔记图②)	这篇口译源语比较简单。有较多表示逻辑关系的表述，比如，"让你们认识到""勇于面对""不要逃避""不需要"等。在记录这些信息的时候，可采用符号，如"√""×"来表示。

练习三

源语：中国已成为当今世界第二大进口国和消费国。预计未来15年，中国进口的商品和服务将分别超过30万亿美元和10万亿美元，中国将会为世界各国企业生产和产品提供巨大的市场。

目的语：China has already become the world's second largest importer and consumer market. It is estimated in the next 15 years, China's goods imports will exceed 30 trillion US dollars, while services imports will exceed 10 trillion US dollars, offering a tremendous market for world business production and products.

口译笔记	笔记讲解
(笔记图)	• 在这篇笔记中，需要特别关注几个数字，如"未来15年""30万亿""10万亿"。在记录这些数字的时候，用向右的一个符号加15Y，表示"未来的15年"；用"30 tr"表示"30万亿"；在听到"10万亿"的时候，可用数字10来表示"10万亿"。

练习四

源语：我在这里想告诉你们，你每天都可以通过自己的行动改变这个世界。不积跬步，无以至千里。人生并不是常人所说的处处充满重大转机。实际上最关键的是，一次迈出改变命运的至关重要的一步。

目的语：I'm here to tell you that you actually do get to transform the world every day by your actions. Small steps lead to big accomplishments. Your life isn't full of opportunities like everybody says it is. It's actually about taking one significant life transforming step at a time.

口译笔记	笔记讲解
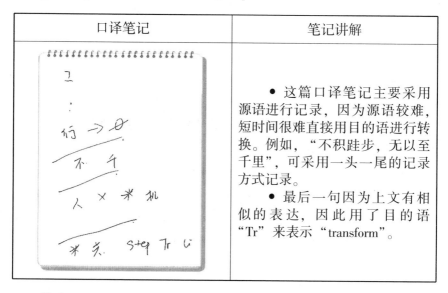	• 这篇口译笔记主要采用源语进行记录，因为源语较难，短时间很难直接用目的语进行转换。例如，"不积跬步，无以至千里"，可采用一头一尾的记录方式记录。 • 最后一句因为上文有相似的表达，因此用了目的语"Tr"来表示"transform"。

练习五

源语：现实却是你没办法解决所有问题，但此时此地你能做出选择，因为生活就是一道选择题。做好决定，并用一生去履行。

目的语：And the truth is, you can't fix everything. But what you can do here and now is making a decision because life is about decision. And the decision is that you will use your life in service.

口译笔记	笔记讲解
	• 这篇笔记用了两个箭头符号，因为源语有两次重复。当相同的信息出现时，可用箭头下拉来代替重复出现的内容。

练习六

源语：对发展中国家来说，当今世界机遇与挑战并存。一方面，经济全球化、世界多极化和社会信息化快速发展，赋予了发展中国家更多的后发优势、更大的发展空间。

目的语：For developing countries, there are both opportunities and challenges in today's world. On the one hand, economic globalization, world multi-polarization and society information development have grown rapidly, which offer developing countries more latecomers' advantages and greater development horizon.

口译笔记	笔记讲解
	• 这篇笔记用了较多的字母和符号，比如，听到"发展中国家"，就记录成"Ding □"；用"E⊖"（economic globalization）来表示"经济全球化"；用"M &"（multi-polarization）来表示"世界多极化"。

练习七

源语： 新兴市场国家和发展中国家正在实现群体性崛起，数十亿人步入工业化，国际力量向着更加均衡的方向发展。

目的语： The emerging markets and developing countries are achieving a collective rise with billions of people stepping into industrialization. The international balance of power is moving towards greater equilibrium.

口译笔记	笔记讲解
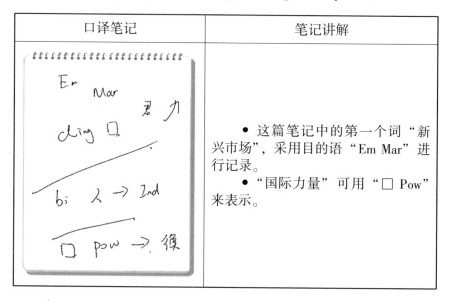	• 这篇笔记中的第一个词"新兴市场"，采用目的语"Em Mar"进行记录。 • "国际力量"可用"口 Pow"来表示。

练习八

源语： 另一方面，发展中国家是地区性冲突和金融危机的主要受害者。当前，世界经济复苏基础脆弱，保护主义盛行，导致发展中国家外部发展环境更趋复杂。

目的语： On the other hand, developing countries are the chief victims of regional conflicts and the financial crisis. At present, world economic recovery remains feeble, with rampant protectionism, making the external environment for developing countries even more complex.

口译笔记	笔记讲解
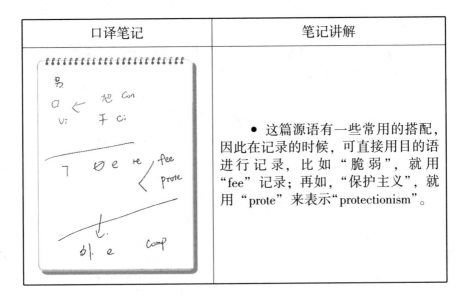	• 这篇源语有一些常用的搭配，因此在记录的时候，可直接用目的语进行记录，比如"脆弱"，就用"fee"记录；再如，"保护主义"，就用"prote"来表示"protectionism"。

第四节 科技前沿

一、元宇宙

1. 背景知识

Stephenson's creation of the "Metaverse", an online world in *Snow Crash*, anticipated "Second Life", a virtual community now frequented by thousands of people. People will be able to do things like going to a virtual concert, taking a trip online and trying on or buying digital clothing. The metaverse also could be a game-changer for the work-from-home shift. Instead of seeing co-workers on a video call grid, employees could join them in a virtual office.

2. 相关词汇

headset 耳机

physical home 实体住宅

3. 源语

Imagine you put on your glasses or headset and you're instantly in your home space. It has parts of your physical home recreated virtually, it has things that are only possibly virtually, and it has an incredibly inspiring view of whatever you find most beautiful. Hey, are you coming? Yeah, just gonna find something to wear. All right, perfect!

4. 目的语翻译

想象你戴上眼镜或者耳机，然后立即进入了你的家庭空间，它包含了你实体住宅的虚拟化的一部分，也有一些只存在于虚拟世界的东西，它拥有任何你觉得美好的无与伦比的风景。嘿，你要来吗？好，我找件衣服来穿，好的，完美！

5. 要点讲解

（1）Physical home recreated virtually …

应该是"实体住宅的虚拟化"，这里"physical home"不要翻译成

"物理的家"。

（2）It has an incredibly inspiring view.

这里的"view"不是"视野"的意思，而是"风景"，所以需要结合上下文进行口译。

（3）Hey, are you coming?

这里不能用第三人称翻译成"机器人说你要来吗？"，一定要用第一人称进行口译。

▶ 学生A口译表现：

想象一下，你戴上眼镜或者耳机，它就立刻在你的家中，它可能是你实体住宅虚拟化的一部分，或者只是在虚拟环境中存在的东西，它有着令人难以置信、鼓舞人心的观点。"嘿，你来了吗？"是的，他需要找点东西穿。

▶ 学生A口译评价与解析：

该生的口译存在比较多的问题。

（1）"You're instantly in your home space"应该翻译成"你就立刻进入你的家庭空间"，而不是"它就立刻在你的家中"。

（2）"inspiring view"的翻译有问题，这里的"view"需要根据视频的内容翻译成"风景"，而不是"观点"。

（3）该生犯了之前同学们犯的类似问题，口译中不用第三人称，不用他人的视角来翻译成"他说"，我们需要用第一人称，也就是翻译成"我需要找件衣服穿"。

▶ 学生A口译笔记：

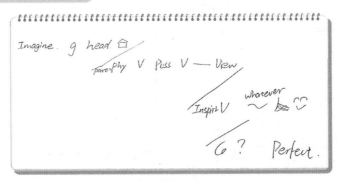

第五章　口译笔记实战演练 　127

▶ 学生A口译笔记评价：

　　从该生的口译笔记来看，很多关键的信息记录存在问题。结合该生的口译表现来看，该生的第一个失误是："You're instantly in your home space"，该生只用了一个小房子记录，前后没有记录主语，导致翻译成了"它立刻出现在你的家中"。该生的第二个失误是，虽然记录下了"view"，但是显然没有结合上下文，因此错译成了"观点"。该生的第三个失误是，记录的时候重点不突出，类似"whatever"这样不需要去记录的单词，反而记录完整了，这就导致后面的信息没有及时记录，造成了最终的误译。

▶ 学生B口译表现：

　　想象一下自己戴上眼镜或者头戴式耳机，就即刻进入你的家庭空间。这里有一部分是经过虚拟化的实体住宅，也有些东西只能在虚拟世界才能找到。这里还有任何你觉得最美的、振奋人心的景色。嗨，你要来吗？是的，我来找套衣服。

▶ 学生B口译评价与解析：

　　该生的译文总体很好，特别是对其中比较难的句子的翻译也能做到游刃有余。唯一的问题是漏译了最后一句"All right, perfect!" 对照该生的口译笔记，发现该生并没有记录这句话，可能该生在听到"just gonna find something to wear"，就想当然将该句作为最后一句，而没有意识到后面还有一句。

▶ 学生B口译笔记：

▶ 学生B口译笔记评价：

该生的总体口译笔记逻辑还是非常清晰的，对于主要的信息记录得比较全面，对意群的分割也比较合理。但是，口译的最后出现漏译问题，该生没有记录最后的"All right, perfect!"

▶ 学生C口译表现：

想象自己戴上眼镜或者耳机便能立即到你的主空间，它包含你实体家的虚拟重建，只不过拥有的物品都是虚拟的，任何你认为美丽的景色都能在这里找到。嘿，你要来吗？好的，我要找件衣服。好了，完美！

▶ 学生C口译评价与解析：

该生的口译很有自己的想法，对个别词汇的翻译还是比较有趣的。比如，第一句中的"home space"，该生翻译成了"主空间"，虽然不准确，但是体现了当代"零零后"的网络游戏语言的特点。相似的表述也体现在后面的"虚拟重建"上，这对我们口译教学者也提出了新的课题，就是在人工智能信息化大背景下长大的"零零后"有独特的语言表达。此外，还有一个句子存在问题，就是"It has things that are only possibly virtually"，这里的意思应该是"也有一些只存在于虚拟世界的东西"，而并不是"只不过所拥有的物品都是虚拟的"。

▶ 学生C口译笔记：

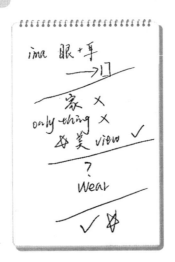

▶ 学生C口译笔记评价：

该生的口译笔记很美观，从该生的记录习惯来看，她比较习惯使用中文记录，字也写得很美。特别是第一句，该生用"眼"和"耳"来表示原句中的"glasses or headset"，虽然用中文记录相比较用首字母记录更复杂，但是能帮助后续的目的语翻译。相似的例子就是后面的"美"，相比较之前学生记录的"inspiring"或"beautiful"，这个字再加上前面的星星符号，能很好地表示原句中"无与伦比的美丽景色"的含义。如果需要提建议的话，笔者觉得后续该生可以学习只记录中文字的上下部分或者左右部分，不需要把字写全，这样可以保证有额外的精力来处理后续的信息。

教师笔记	笔记讲解
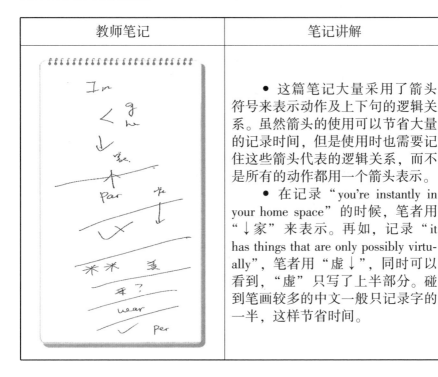	• 这篇笔记大量采用了箭头符号来表示动作及上下句的逻辑关系。虽然箭头的使用可以节省大量的记录时间，但是使用时也需要记住这些箭头代表的逻辑关系，而不是所有的动作都用一个箭头表示。 • 在记录"you're instantly in your home space"的时候，笔者用"↓家"来表示。再如，记录"it has things that are only possibly virtually"，笔者用"虚↓"，同时可以看到，"虚"只写了上半部分。碰到笔画较多的中文一般只记录字的一半，这样节省时间。

二、电竞游戏

1. 背景知识

In 2021, E-sports events were included in the list of events of the 19th Asian Games. E-sports became an official competitive event of the Asian Games for the first time, and the scores will be included in the National Medal list. The London Games Festival is an annual video gaming festival for both consumers and trade specialists. The festival is part of a new initiative to boost investment.

2. 相关词汇

monopoly board 大富翁游戏

iconic 标志性的

Trafalgar Square 特拉法加广场

mayor 市长

interactive entertainment 互动娱乐

Minecraft《我的世界》

3. 源语

Games are taking over London from bars and exhibition halls to this giant monopoly board in the iconic Trafalgar Square, even the mayor is becoming a digital *Minecraft* character.

In the first ten days of April this year, London will truly become a city of gaming.

It's all part of London games festival, a week-long celebration of tech, interactive entertainment and of course playing games.

4. 目的语翻译

电子游戏正在风靡伦敦,从酒吧到展厅,再到地标性的特拉法加广场上的巨大的大富翁游戏,甚至市长也成了电子游戏《我的世界》里的游戏角色。

在今年四月的前十天,伦敦将真正成为游戏之城。

这都是伦敦游戏节的一部分,一周的庆典活动包括高科技展示、互动娱乐,当然还有玩游戏。

5. 要点讲解

(1) Games are taking over London…

"take over"不要翻译成"占领",这里可以翻译成"席卷"或者"风靡"比较好。

(2) … to this giant monopoly board in the iconic Trafalgar Square,

"iconic"不要翻译成"图标的",这里可以翻译成"地标性的"或者"标志性的"。特拉法加广场是伦敦的一个地标性的广场,是一个著名的景点。

第五章 口译笔记实战演练

▶ 学生A口译表现：

游戏正在席卷伦敦，从酒吧到展览厅，到特拉法加广场上巨大的<u>图像版地产大亨游戏</u>，就连市长也变成《我的世界》里面的游戏角色。

在今年四月的头十天，伦敦真正变成了一座游戏之城。

这是伦敦游戏节的一部分。<u>嗯嗯，周末庆祝也包括互动娱乐和玩游戏</u>。

▶ 学生A口译评价与解析：

该生的口译质量还有待提高，主要有三个问题。第一个问题，对"iconic"这个单词翻译不准确，这里不是"图标"的意思，而是指"标志性的"。所以这句话的意思应该是"地标性的特拉法加广场的巨大的大富翁游戏"。第二个问题，在翻译完"这是伦敦游戏节的一部分"后，该生停顿了几秒，应该是思考后面的内容。然后，该生没有将"a week-long celebration of tech"准确翻译出来，而是翻译成了"周末庆祝"，估计是对"a week-long"的表述不太熟悉。第三个问题，该生没有翻译出"tech"的含义。

▶ 学生A口译笔记：

G at Lon
ba & F Ha → m b in TS
mayor → Chara Mine
lo yr → c of Ga
L G F
cele [int
      [play g

▶ 学生A口译笔记评价：

该生的口译笔记逻辑性还有待增强。我们可以从口译笔记中看出该生出现了两个问题。第一个比较大的问题，就是该生记录"a week-long celebration of tech"的时候，没有记录前面的内容，而是简单记录了

"celebration"，所以导致其口译的时候，只翻译出了"庆祝"。结合她所翻译的内容，应该是脑记了"week"，因此结合认知习惯，推导出来周末的含义。第二个问题，就是该生对"tech"这个单词不敏感，这个单词是"technology"的缩写，再加上新闻的语速较快，没有及时记录下来。

▶ 学生B口译表现：

  游戏正在接管伦敦，从酒吧到展示大厅，到这个巨大的大富翁游戏，再到特拉法加广场上的标志。甚至是市长也变成了《我的世界》游戏的一个角色。

  市长说：本年第一个10天的假期，伦敦成了一个游戏的城市。

  这是伦敦游戏节的一部分。这是庆祝技术的一周，是互动娱乐的一周，也是玩游戏的一周。

▶ 学生B口译评价与解析：

  该生的口译有三个问题。第一个问题，就是对"take over"这个词组翻译不准确，该词组虽然有"接管"的含义，但是在这里应翻译成"席卷"或者"风靡"，不能直译成"接管"。第二个问题，就是把原句中"giant monopoly board in the iconic Trafalgar Square"听成了"大富翁游戏"以及"特拉法加广场上的标志"，将"iconic"听成了名词，而忽略了原句的含义。第三个问题，就是该生使用了第三人称，增加了"市长说"，这在口译中是比较大的失误，应当使用第一人称，不能使用第三人称。

▶ 学生B口译笔记：

```
G  LD  ⎰ exb hall
       ⎱ 大
         □ Ts
! mayor → Minec  ⅋

: 1st  10 d  week ↓ Y
LD ☆ city o' game
  part o' LD  G  F
1 week ⎰ cel   o' tec.
       ⎱ inter    entertain
         play.    g
```

▶ **学生 B 口译笔记评价：**

　　一方面，该生的口译笔记还是比较清晰的，在笔记中，该生运用了很多的符号。例如，用"＊"表示"truly"；用"□"表示"square"。另一方面，从她的口译笔记中，我们可以看出来她口译存在的问题。首先，可以明显看出她将"大富翁"和"特拉法加广场"并列记录。因此，误译成了"大富翁游戏"及"特拉法加广场上的标志"。其次，我们可以看到该生在"In the first ten days of April this year"前面增加了"："，翻译的时候也增译了"市长说"。所以，我们经常说从口译笔记中可以看到学生当下对源语的逻辑划分及预处理，从中可以分析出学生的失误点及后续可以改进的部分。

▶ **学生 C 口译表现：**

　　从酒吧到展厅，再到巨型的大富翁棋盘，还有标志性的特拉法加广场，这些游戏正在席卷伦敦。就连市长也变成了《我的世界》的游戏角色。

　　在今年4月的头10天里，伦敦将真正成为一座游戏之城。

　　这是伦敦游戏节的一部分，还有为期一周的科技庆典，互动娱乐，当然还有玩游戏。

▶ **学生 C 口译评价与解析：**

　　该生的口译后半部分较好，和上面一位同学一样，该生把"giant monopoly board in the iconic Trafalgar Square"听成了两个部分，说明对介词"in"没有听清楚，还有就是惯性思维，前面都是主语，想当然认为后面应该也是一个名词。虽然给大家的是视频材料，可以清晰地看到大富翁游戏盘在特拉法加广场上，但是可能学生们在观看视频的时候，没有了解到该广场就是著名的特拉法加广场，所以就一晃而过，造成了误译。

学生C口译笔记：

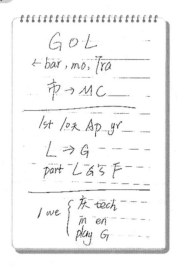

学生C口译笔记评价：

该生的口译笔记还是非常清晰的。她将一个个主语用逗号分隔，表示的就是并列的关系，从中我们可以看到她和前面一位同学一样，将广场和大富翁游戏盘并列，没有考虑到前者是在广场上。其他部分的记录比较有逻辑，从大括号的使用可以看到她是一边听，一边思考，记录也很简洁。

教师笔记	笔记讲解
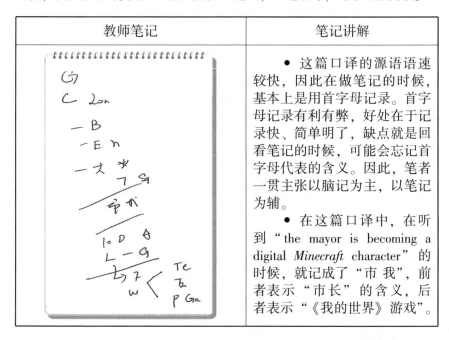	• 这篇口译的源语语速较快，因此在做笔记的时候，基本上是用首字母记录。首字母记录有利有弊，好处在于记录快、简单明了，缺点就是回看笔记的时候，可能会忘记首字母代表的含义。因此，笔者一贯主张以脑记为主，以笔记为辅。 • 在这篇口译中，在听到"the mayor is becoming a digital *Minecraft* character"的时候，就记成了"市我"，前者表示"市长"的含义，后者表示《我的世界》游戏"。

三、本章练习

练习一

源语：目前，中国已拥有7.5亿网民，网络零售额年均增长30%，共享经济规模达3.5万亿元人民币。事实证明，只要勇于探索，创新发展的道路就会越走越宽。

目的语：Today, China has 750 million Internet users, our online retail sales are growing by 30 percent a year and our "sharing economy" has reached 3.5 trillion yuan in size. This shows that as long as we keep exploring, we will see more opportunities and success of innovation-driven development.

口译笔记	笔记讲解
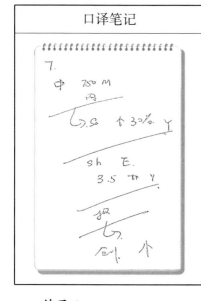	• 源语有比较多的数字，在口译中，数字口译是一大难点，难就难在中英文的数字表达不一样。因此，在记录第一句"中国已拥有7.5亿网民"中的7.5亿时，可写成"750 M"，表示"750 million"，"3.5万亿"可直接记成"3.5 tr"。所以，建议大家如果听数字，有能力的情况下还是直接用目的语记录比较好。如果有难度，可以用源语记录，但是后续一定要注意转化。

练习二

源语：近40年来，中国坚持对外开放，实现了自身跨越式发展。展望未来，中国开放的力度将更大，惠及世界的程度会更深。

目的语：In nearly four decades, China has opened its arms to embrace the world and achieved "leapfrog development" in this process. Looking ahead, China will open still wider and its development will deliver even greater benefits to the rest of the world.

口译笔记	笔记讲解
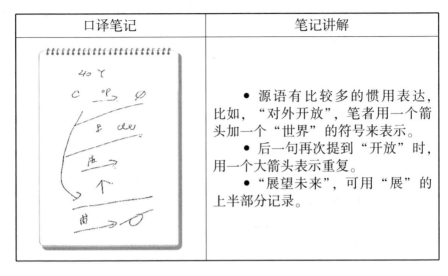	• 源语有比较多的惯用表达，比如，"对外开放"，笔者用一个箭头加一个"世界"的符号来表示。 • 后一句再次提到"开放"时，用一个大箭头表示重复。 • "展望未来"，可用"展"的上半部分记录。

练习三

源语：这些年，中国经济不断呈现新动力，关键在于坚持走创新发展之路。当前，新兴科技和产业革命加速兴起，创新发展面临难得的历史机遇。

目的语：In recent years, innovation has proven to be essential to the emergence of new drivers for the Chinese economy. As new technologies emerge and the new industrial revolution gains momentum, we face a rare historic opportunity for innovation-driven development.

口译笔记	笔记讲解
	• 这篇源语难度尚可，因此在记录的时候，可用源语和目的语混用记录的方式。 • 在听到"动力"的时候，可直接记录"driv"来表示"drivers"。 • 听到"难得的历史机遇"的时候，用了符号、源语及目的语一起记录"﹡历 op"，来表示"a rare historic opportunity"。

第五章 口译笔记实战演练

练习四

源语：我们要推动科技创新和制度创新两个轮子一起转，让新技术、新业态、新模式不断开花结果，最大限度释放发展潜能。

目的语：We need to strive for both scientific and technological innovation and institutional innovation, and help bring to fruition new technologies, new business forms and models to fully unlock our development potential.

口译笔记	笔记讲解
(图)	• 这篇源语的逻辑性比较强，并列的句式比较多，因此两次用了大括号表示并列。 • 可多用箭头表示动作，比如，源语中的"推动"。 • 在记录"科技创新"和"制度创新"的时候，用了源语和目的语混用记录的方式。 • 用"S创"表示"科技创新"。在记录"创""制"的时候，只写了一半，这样比较节省时间。

练习五

源语：A new public library recently became an online hit. It is described as the "world's ultimate library", while the word "breathtaking" was the choice of *Newsweek* magazine. With its futuristic design and walls loaded with books, it's the dream library of every book lover.

目的语：一座新的公共图书馆最近成了"网红"，它被描绘成"世界最佳图书馆"，而美国《新闻周刊》则选用了"惊艳"一词来形容它。未来主义的设计及摆满书的书墙令其成为每位书迷梦想中的图书馆。

口译笔记	笔记讲解
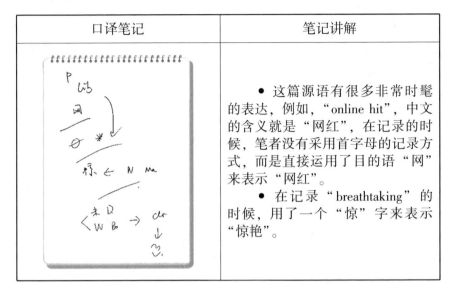	● 这篇源语有很多非常时髦的表达，例如，"online hit"，中文的含义就是"网红"，在记录的时候，笔者没有采用首字母的记录方式，而是直接运用了目的语"网"来表示"网红"。 ● 在记录"breathtaking"的时候，用了一个"惊"字来表示"惊艳"。

练习六

源语：When physical bookstores are closing down one by one, what makes libraries survive from the wave of digitization? And do we really still need libraries now we've got the Internet in our hands?

目的语：一家家实体书店在关门歇业，是什么让图书馆在数字化的浪潮中生存下来？在网络触手可及的今天，我们是否还真的需要图书馆呢？

口译笔记	笔记讲解
	● 这篇笔记多采用目的语记录的方式，比如，用"实"来表示"physical bookstores"，翻译过来就是"实体书店"。 ● 在表示"the wave of digitization"时，用了波浪符号加上"数"的左半边，形象化地表示"数字化的浪潮"。

练习七

源语：Since not everyone can afford a smartphone, a tablet or an Internet connection, and not everyone has the know-know to search the Internet correctly and efficiently, it's public libraries that make sure these resources and technologies are available to a larger group of people.

目的语：由于并非每个人都能买得起智能手机、平板电脑或者能够上网，也不是所有人都懂得如何正确而高效地上网搜索，而公共图书馆能让更多人获得这些资源和技术。

口译笔记	笔记讲解
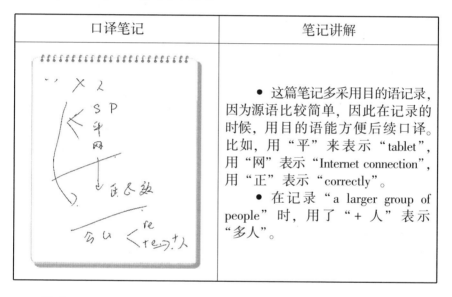	• 这篇笔记多采用目的语记录，因为源语比较简单，因此在记录的时候，用目的语能方便后续口译。比如，用"平"来表示"tablet"，用"网"表示"Internet connection"，用"正"表示"correctly"。 • 在记录"a larger group of people"时，用了"＋人"表示"多人"。

练习八

源语：One of the pitfalls that come with online materials is that they're not always reliable. Libraries are usually where that "evaluation" happens. Besides, people still need the physical space provided by a library, where they can fully concentrate on study and work without easily getting distracted.

目的语：在线资源的一大问题在于它们并非总是可靠的，因此，"检验评估"通常需要在图书馆里完成。此外，人们还需要图书馆所提供的实体空间，使他们能全身心地投入学习和工作中，不会轻易分心。

口译笔记	笔记讲解
	• 在这篇笔记中，笔者用一个"+"表示"Besides"的逻辑关系。 • 用"✡"表示"fully"的程度。 • 用箭头表示上下文的关系。比如最后一句"where they can fully concentrate on study and work without easily getting distracted"，笔者就用"↑✡→"来表示"where they can fully concentrate"的含义。

第五节 热点新闻

一、中国热词

1. 背景知识

（1）内卷 involution

非理性内部竞争，或是"非自愿"竞争，让人极度劳累。

A buzzword meaning irrational or involuntary competition, which makes people feel burned out.

（2）躺平 lie flat

指一些年轻人放弃奋斗，低欲望生活。有人认为躺平是对社会快速发展的无奈选择，有人认为躺平是为了舒缓低落的情绪后，更好地站起来。

It describes the youngsters who have little ambition and do the bare minimum to get by. Some people think lying flat is a passive choice in a fast changing society and some believe this is just to vent stress before they get going again.

（3）逆行者 heroes in harm's way

指在抗疫过程中那些不惧风险、无私奉献的人物群体。他们中有抢救生命的医护工作者、解放军、消防员。

"Heroes in harm's way" refer to everyday heroes such as medical professionals, military personnel and firefighters who put their duty before their lives and make sacrifices to fight the pandemic.

2. 相关词汇

mobilize resource 调集资源

epic 史诗般的

be united as one 团结一致

sporadic or cluster case 散发或聚集性病例

curb 遏制

3. 源语

" People first, life first", this phrase was from China's fight against the pandemic.

When COVID-19 hit China, we mobilized resources nationwide and launched an epic campaign to fight it. The whole country was united as one, with no place left behind and no life given up. From a 30-hour-old baby to senior citizens of over 100 years old, no cost was spared to save a life, and all the treatment was free.

Now, the pandemic has been put under effective control in China, and sporadic or cluster cases in a few regions were all curbed very quickly.

4. 目的语翻译

"人民至上、生命至上"这句话来自中国抗击疫情时期。

当新冠疫情肆虐时,我们调集了全国资源,打了一场史诗级抗疫。举国同心,不放弃每一个角落,不放弃每一个生的希望。从刚刚出生30个小时的婴儿到100岁的老人,我们不遗余力进行救治,而且所有的治疗都是免费的。

目前,疫情在中国全境得到了有效控制,局部地区出现的散发病例或聚集性疫情,都能迅速得到遏制。

5. 要点讲解

(1) We mobilized resources nationwide ...

"mobilize"不要翻译成"移动",这里可以翻译成"调集",更符合表达习惯。

(2) ... with no place left behind and no life given up.

有同学翻译成"没有一个地方被遗忘",虽意思相差不大,但应该是"不放弃每一个角落"。以"With no"开头的句子,一定要将后面的意群听清楚,再进行翻译。相似的表达可以参考"with no child left behind"(不让每一个孩子掉队)。

(3) When COVID-19 hit China ...

"hit"原意是"打击",此处有贴切的表述,例如"肆虐"。同学们开始口译的时候,会下意识翻译出词语原来的意思。建议学生们进行口译反思的时候,可以将一些看似简单的动词的翻译做个整理,学习不同场合这类动词的固定搭配和相关翻译。

▶ 学生A口译表现：

"人民至上、生命至上"这句话来自对抗新冠疫情。

当新冠进入中国时，我们集合了资源，打了一场仗。我们团结一心，每一个角落和每一个生的希望都不放弃。从刚刚出生30个小时的婴儿到100岁的老人，我们全力救治，都是免费的。

目前，我们很好控制了疫情，局部地区的疫情，都能迅速得到遏制。

▶ 学生A口译评价与解析：

该生总体的表现尚可，大部分的信息都能比较准确地翻译出来，但是有三个小问题。第一个问题，对"hit"的翻译不是很准确。该生将其翻译成"进入"，如果经常听新闻报道，就知道与疾病常用的搭配表达，最好用"肆虐"。第二个问题，没有将"launched an epic campaign to fight it"中的"epic"翻出来，这里的意思是"史诗级的"。第三个问题，需要将"sporadic or cluster cases"翻译成"散发病例或聚集性疫情"，这个有点难度，该生漏译了这个地方，建议课后可以多熟悉一下相关表达。

▶ 学生A口译笔记：

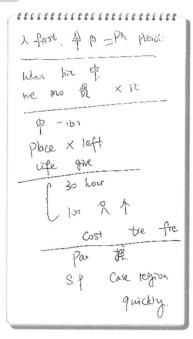

▶ **学生A口译笔记评价：**

　　该生的口译笔记还是比较清晰的，对于意群的分割比较有逻辑。我们看到笔记既有源语的记录，也有目的语的记录，还用了一些自创的符号，比如，该生自创的小人符号。对照其口译表现，我们发现虽然她记录了"hit"这个单词，但是翻译的时候犯了难，没有考虑用惯用搭配。因此，对于简单动词的翻译也需要经常地反思。另外，我们发现，她没有记录"epic"，可能是对该单词不是很了解。同样的问题也出现在最后一句，该生没有将"sporadic or cluster cases"翻译出来，虽然从笔记上看是记录下来了，但是很可惜没有翻译出来，说明该生的词汇量有待提高。

▶ **学生B口译表现：**

　　"人民至上、生命至上"这个热词来自中国抗击新冠疫情。当疫情在中国发生时，我们调拨了全国资源，完成了史诗级抗疫。我们万众一心，没有一个地方被遗忘，没有放弃每一个生的希望。从出生30天的宝宝到100岁的老人，我们都全力救治，而且都是免费进行治疗的。现在，中国有效控制了疫情，一些地区突发的散发性疫情，都能迅速得到遏制。

▶ **学生B口译评价与解析：**

　　该生的口译有四个小问题。第一个问题，对"hit"这类看似简单的单词没有将意思精准地翻译出来，该生将其翻译成了"发生"，虽然乍看没有太大问题，但是没有翻出原文的意思。第二个问题，"with no place left behind and no life given up"，该生将其翻译成了"没有一个地方被遗忘"，虽然从严格意义上来说没有太大的失误，但还是建议翻译成主动态。第三个问题，"30-hour-old baby"不是30天的宝宝，是"出生30个小时的婴儿"。第四个问题，"sporadic or cluster cases"，该生翻译了前半部分"sporadic cases"（散发性病例），后面的"cluster cases"（聚集性疫情）没有翻译出来。

第五章 口译笔记实战演练 145

▶ 学生 B 口译笔记：

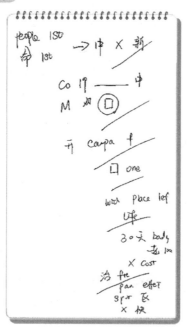

▶ 学生 B 口译笔记评价：

该生的口译笔记虽然是纵向排列，但是前面记录较好，后半部分记录得有点急促，挤在了一起。总体而言，该生对主要信息的抓取较好。但是，从笔记中我们也发现了问题，比如，"30-hour-old baby"，该生记成了"30 天 baby"，所以误译成了"30 天的宝宝"。再如，该生虽努力记录了"sporadic"，却漏译了"cluster"，这导致了该生只翻译了前半部分。

教师笔记	笔记讲解
(手写笔记图)	• 这篇笔记中用了比较多的符号，例如，用"□"表示"country"，用倒写的T表示"under"，用"×"表示"fight"，用"√"表示"save life"。 • 笔者用了较多的首字母记录，例如，"30-hour-old baby"，记成了"30 h"，"senior citizens of over 100 years old"只是记录"100 Y"。 • 最后一句，"sporadic or cluster cases"，笔者并没有采用首字母记录的方式，而是直接记录了"散聚"的左半部分，因为如果只记录"S"或者"C"，是很难联想到"散发病例"及"聚集性疫情"，因此直接用目的语记录，从而方便后续的口译。

二、高峰论坛

1. 背景知识

（1）人类命运共同体

a community with a shared future for mankind

指在追求本国利益时兼顾他国合理关切，在谋求本国发展中促进各国共同发展。

（2）中美高层战略对话

China-US high-level strategic dialogue

2. 相关词汇

candid 坦率的

rally 集合

3. 源语

We hope this dialogue will be a sincere and candid one. Both China and the United States are major countries in the world. And together we shoulder important responsibility to the peace, stability and development of the world and region.

The Chinese people are rallying around the Communist Party of China.

Our values are the same as the common values of humanity. Those are peace, development, fairness, justice, freedom and democracy.

4. 目的语翻译

我们希望这次对话是真诚的、坦率的。中美两国都是世界大国。我们对地区和世界的和平、稳定和发展都负有重要的责任。

中国人民紧密地团结在中国共产党的周围。

我们的价值和人类的共同价值相同，那便是和平、发展、公平、正义、自由、民主。

5. 要点讲解

(1) The Chinese people are closely rallying around …

"rally"本意是"集合"，这里可以翻译成"紧密团结"，更符合中文的惯用表达。

(2) Our values are the same as the common values of humanity.

很多同学将这句话翻译成"我们的价值就是人类的共同价值"。"the same as"这个短语意为"与……相同"，建议将这句话翻译成"我们的价值和人类的共同价值相同"。

▶ 学生 A 口译表现：

我们希望这次对话是真诚和坦诚的，中美两国作为世界大国，共同对世界和地区的和平稳定和发展肩负重要的责任。

中国人民紧密团结在中国共产党的周围。

我们的价值观与人类的价值观相符，即和平、发展、公平、正义、自由和民主。

学生 A 口译评价与解析:

该生的口译表现非常好,整篇口译几乎没有什么问题;同时,口译的时候非常自信,语速适中,声音也很响亮。总体而言,本篇是一篇质量很高的口译。

 学生 A 口译笔记:

 学生 A 口译笔记评价:

该生的口译笔记很有自己的想法,在一些词的处理上也很有特色。比如,表示"peace"的时候,可以看到一只和平鸽,应该是随手画的,用"和平鸽"代表"和平",还是很有创意的。同时,可以看到她在字母 C 周围画了一个圈,然后画了一个小人,表示"The Chinese people are rallying around the Communist Party of China.",很有创意。

 学生 B 口译表现:

我们希望此次对话是真诚的、坦率的。中美两国都是世界大国,对于世界和区域间的和平、稳定和发展肩负重要的责任。

中国人民始终紧紧追随着中国共产党。

我们的价值就是人类共同的价值,那就是和平、发展、公平、正义、自由和民主。

学生B口译评价与解析：

该生的口译质量尚可，有一个问题，就是对"rally"这个单词没有翻译好，这里不是"追随"的含义，而是"紧密团结"。此外，一般而言，我们会说"世界和地区"，该生翻译成了"世界和区域"，虽然意思相差不大，但是在外交场合，还是需要注意一些固定搭配。

学生B口译笔记：

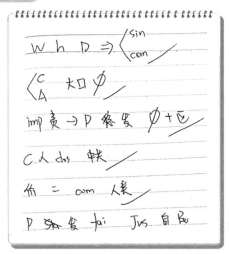

学生B口译笔记评价：

该生的口译笔记总体而言，逻辑性还是比较强的，主要的信息点基本上都记录了下来。我们回到她误译的一句话，"The Chinese people are rallying around ..."，该生是这样记录的，"C 人 clos"，我们可以看到该生漏记了最主要的动词"rally"。漏记的原因可能有两个，第一个原因是过于关注之前的单词"closely"，第二个原因是对"rally"这个单词不是很熟悉。

学生C口译表现：

我希望我们这次的对话是真挚的、<u>坦白的</u>。中美两国作为世界上的两个主要大国，共同对世界以及地区的和平、稳定和发展负有责任。

中国人民紧密团结在中国共产党的周围。

中国人民的价值观和人类的价值观是一样的，它们是和平、发展、公平、正义、自由和民主。

▶ **学生C口译评价与解析：**

该生的总体表现较好，除了"candid"这个单词没有翻译好。"candid"这里的意思是"坦率的"，而不是"坦白的"，虽然只有一字之差，但是意思天壤之别。

▶ **学生C口译笔记：**

▶ **学生C口译笔记评价：**

该生的口译笔记略显凌乱。首先，没有进行纵向记录。其次，记了很多汉字，很多汉字笔画很多，其实不需要记全，考虑到发言人语速较慢及该生记录速度较快，因此这样的记录方式并没有太影响该生总体的发挥。但是，这样的记录方式不适合口译，该生需要学会用符号及缩略语进行记录。

▶ **学生D口译表现：**

我希望我们这次的对话是真诚的，充满善意的。中国和美国是世界两大主要国家，我们对世界及地区的和平、稳定和发展都表现出了责任。

中国人民紧紧围绕在中国共产党的周围。

我们的价值观和人类的共同价值观是一样的，这就是和平、发展、公平、正义、自由和民主。

▶ 学生 D 口译评价与解析：

该生第一句有个很有趣的误译，为什么说很有趣，因为她将"candid"听成了"kind"。我们查看其口译笔记发现她记成了"kind"，因此翻成了"充满善意的"。此外，就是对"shoulder important responsibility"这个词组不熟悉，应该译成"肩负或者承担责任"，而该生翻译成了"表现出了责任"，虽然意思相近，但是不够准确。

▶ 学生 D 口译笔记：

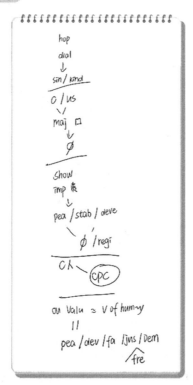

▶ 学生 D 口译笔记评价：

该生的口译笔记还是比较清晰的，但是问题也比较突出。第一句，该生将"candid"记成了"kind"，导致了后续的误译。还有一句，原文是"shoulder important responsibility"，但是该生将"shoulder"听成了"show"，导致误译成了"表现出了责任"。这两个失误说明该生的听力水平需要提高，该生对单词的抓取能力需要提高。

教师笔记	笔记讲解
	• 在这篇笔记中，笔者用了一些符号，比如用"＊"表示"important"，因此"shoulder important responsibility"，就简单记录成了"＊res"。 • 对"The Chinese people are rallying around the Communist Party of China"，也采用了目的语加符号的方式，"C 人 ⑪"，这里对"rally"，没有用源语言记录，而是用一个圆圈，表示紧密团结的意思。 • 最后一句的名词较多，这里就用单词的前两三个字母进行了记录。

三、本章练习

练习一

源语：当今世界正处于百年未有之大变局。单边主义抬头，保护主义成风，各种不稳定、不确定因素增多。

目的语：The world today is undergoing profound changes unseen in centuries. Unilateralism is on the rise. Protectionism is rampant. Uncertainties and destabilizing factors are increasing.

口译笔记	笔记讲解
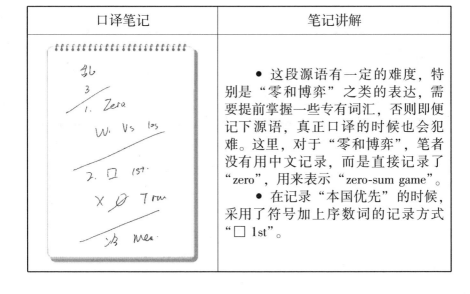	• 在这篇笔记中,有一些常见的专有名词,比如"单边主义",在记录的时候,就直接用数字加上目的语"1 U"来表示"unilateralism"(单边主义)。 • "保护主义"可直接写它的目的语"protectionism"的前面三个字母。

练习二

源语:这些乱象反映出三种危险思维。一是奉行"零和博弈",坚持"你输我赢";二是强调"本国优先",罔顾国际贸易规则;三是保持"冷战思维"。

目的语:These chaotic developments reveal three dangerous logics. The first is that international relationship is a "zero-sum game" where one country's gain is another's loss. The second is that a country may put itself above international trade rules. The third is the "Cold War" mentality.

口译笔记	笔记讲解
	• 这段源语有一定的难度,特别是"零和博弈"之类的表达,需要提前掌握一些专有词汇,否则即便记下源语,真正口译的时候也会犯难。这里,对于"零和博弈",笔者没有用中文记录,而是直接记录了"zero",用来表示"zero-sum game"。 • 在记录"本国优先"的时候,采用了符号加上序数词的记录方式"□ 1st"。

练习三

源语：这些就是今天我们要打破的"坚冰"。如何才能"破冰前行"，驶向繁荣发展的美好未来？我认为，中国的发展给出了响亮的"中国方案"。

目的语：These are the "hard ice" that we must break now. How do we break these "hard ice"? How can we move forward towards a prosperous future? I believe that the answers can be found in how China has achieved development. That is China's solution.

口译笔记	笔记讲解
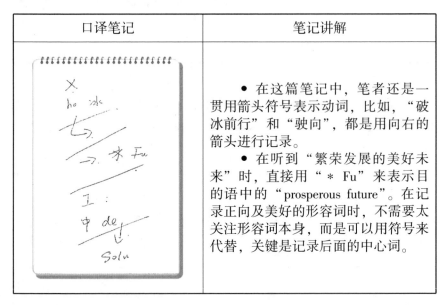	• 在这篇笔记中，笔者还是一贯用箭头符号表示动词，比如，"破冰前行"和"驶向"，都是用向右的箭头进行记录。 • 在听到"繁荣发展的美好未来"时，直接用"＊Fu"来表示目的语中的"prosperous future"。在记录正向及美好的形容词时，不需要太关注形容词本身，而是可以用符号来代替，关键是记录后面的中心词。

练习四

源语：一是坚持开放合作。开放带来进步，封闭必然落后，这是中国的历史经验。二是坚持互利共赢。

目的语：The first answer is opening-up and cooperation. Our history tells us that openness brings progress, whereas isolation leads to backwardness. The second answer is mutual benefit and win-win relationship.

口译笔记	笔记讲解
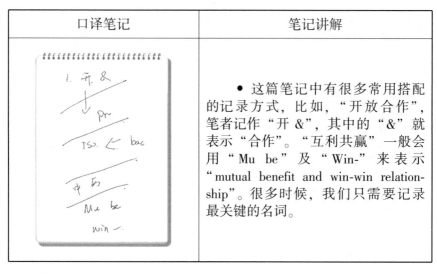	• 这篇笔记中有很多常用搭配的记录方式，比如，"开放合作"，笔者记作"开&"，其中的"&"就表示"合作"。"互利共赢"一般会用"Mu be"及"Win-"来表示"mutual benefit and win-win relationship"。很多时候，我们只需要记录最关键的名词。

练习五

源语：Our society has an obligation to improve the lives of our people. Today we spend about 50 times more treating our patients than we invest in medical research. Medicine has only been a real science for less than 100 years, and we've already seen complete cures for some diseases.

目的语：我们的社会有义务改善人民的生活质量。如今，我们用于医疗救治的资金是医学研究投资的50倍。医学作为一门真正的科学虽然不到一百年，我们已完全治愈了一些疾病。

口译笔记	笔记讲解
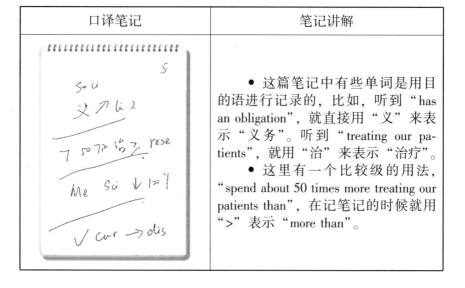	• 这篇笔记中有些单词是用目的语进行记录的，比如，听到"has an obligation"，就直接用"义"来表示"义务"。听到"treating our patients"，就用"治"来表示"治疗"。 • 这里有一个比较级的用法，"spend about 50 times more treating our patients than"，在记笔记的时候就用">"表示"more than"。

练习六

源语：As technology accelerates, we hope to prevent, cure or manage the rest in the next 100 years. Now most people die from heart disease, cancer, and infectious diseases and we can make faster progress on these problems.

目的语：随着科技进步，未来一百年，我们希望能成功预防、治疗或控制其他疾病。今天，大多数人因心脏病、癌症和传染性疾病死亡。我们可以更快解决上述这些问题。

口译笔记	笔记讲解
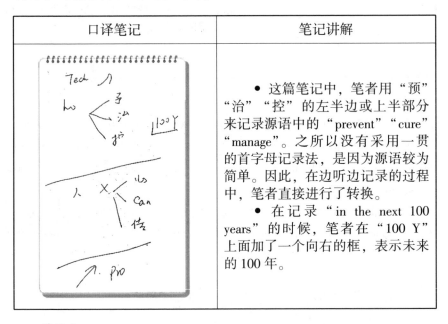	• 这篇笔记中，笔者用"预""治""控"的左半边或上半部分来记录源语中的"prevent""cure""manage"。之所以没有采用一贯的首字母记录法，是因为源语较为简单。因此，在边听边记录的过程中，笔者直接进行了转换。 • 在记录"in the next 100 years"的时候，笔者在"100 Y"上面加了一个向右的框，表示未来的100年。

练习七

源语：Over short periods of five or ten years, it may not seem like we're making much of a difference. But over the long term, seeds planted now will grow, and one day, our children will see what we can only imagine: a world without suffering from diseases.

目的语：五年或十年的短暂时光可能无法带来实质性的变化。但从长远来看，我们现在播种的种子将会茁壮成长，终有一天，我们的子孙后代会看到我们这代人只能想象的景象，即世界免受疾病困扰。

口译笔记	笔记讲解
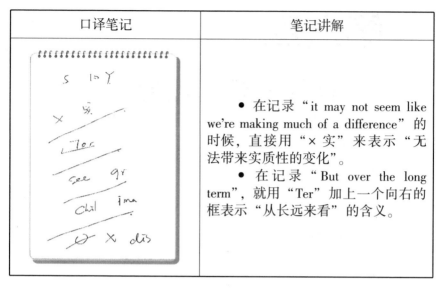	• 在记录"it may not seem like we're making much of a difference"的时候，直接用"× 实"来表示"无法带来实质性的变化"。 • 在记录"But over the long term"，就用"Ter"加上一个向右的框表示"从长远来看"的含义。

练习八

源　语：The cooperation between China and Central and Eastern European (CEE) countries promises broad prospects. Both our economies show a strong momentum of growth and possess respective comparative strengths in such areas as the market, resources and technology. Yet our bilateral trade now accounts for only 11% of China-Europe trade.

目的语：中国与中东欧国家合作具有广阔的发展前景。双方经济发展势头良好，在市场、资源、技术等方面互有优势。目前双方贸易额只占中欧贸易总额的11%。

口译笔记	笔记讲解
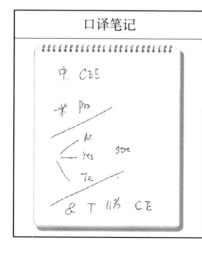	• 在这篇笔记中，笔者用了缩略语 CEE 来表示"Central and Eastern European countries"（中东欧国家）。 • 对于最后一句"accounts for only 11% of China-Europe trade"，笔者只记录了"T 11% CE"，"T"表示"trade"，"CE"表示"China-Europe"。可以看出，掌握机构的缩略语还是非常有必要的。

第六章 口译笔记常用符号

一、货币

原词	速记符号	原词	速记符号
sterling/pound	£	Australian dollars	A $
Renminbi/RMB	¥	Canadian dollars	Can $
Euro	€	New Zealand dollars	NZ $
US dollar	$		

二、时间

原词	速记符号	原词	速记符号
hour	hr	minute	'
second	2nd	morning	m
afternoon	a	evening/night/tonight	n
today	d	yesterday	.d
the day before yesterday	"d	tomorrow	d'
the day after tomorrow	d"	day by day/every day	dd

续表

原词	速记符号	原词	速记符号
last night	'n	next morning	m'
this week	w	the week before last	"w
two months ago	.2m	this year	y
two years later	y2.	1949 年前	/49
1949 年后	49/	1949 年年底	<u>49</u>
20 年以后	20y│	century	C
since/ever since	├	up to now/until	┤

三、度量衡

原词	速记符号	原词	速记符号
meter	m	inch	in.
centimeter	cm	foot	ft
minimeter	mm	knot	kt
mile	mi	acre	A
nautical mile	nm		

四、常用缩略语

原词	速记符号	原词	速记符号
apartment	APT	accountant	ACC
according	ACDG	accept	ACPT
advertisement	AD	address	ADS
aircraft	AC	at least	AL

续表

原词	速记符号	原词	速记符号
advice	ADV	approve	APV
as soon as possible	ASAP	as much/many as possible	AMAP
are	R	amount	AMT
building	BLDG	balance	BAL
cancel	CNCL	conference	CNF
carbon copy	cc	care of	c/o
conform	CFM	commission	CMI
complete	CMP	concern/concerning/concerned	CONC
condition	COD	communication	CMU
compete/competitive	CMPE	certificate	CERT
company	CO.	departure	DPT
discount	DISC	department	DEPT
extent	EXT	exchange	EXCH
explain	EXPLN	extra large	XL
final	FN	flight	FLT
for your reference	FYR	freight	FRT
guarantee	GUAR	good	GD
home office	H.O.	interested	INTST
information	INFO	important	IMP
I owe you	IOU	instead of	I/O
in view of	IVO	include	INCD
insurance	INS	impossible	IMPS
individual	INDIV	minimum	MIN

续表

原词	速记符号	原词	速记符号
market	MKT	manufacture	MANUF
message	MSG	manager	MGR
model	MDL	memorandum	MEMO
no later than	NLT	necessary	NCRY
ordinary	ORD	observe	OBS
obtain	OBT	product	PROD
patent	PAT	packing	PKG
please	PLS	people	PL
piece	PC	position	POSN
possible	POSS(BL)	quantity	QUTY
quality	QLTY	room	RM
regular	REGL	representative	REP
reservation	RESN	repeat	RPT
responsible	RESPON	receive	RCV
reference	REF	situation	SITN
standard	STD	section	SEC
though	THO	telegraph	TGM
thanks	TKS	telephone	TEL
trade	TRD	through	THRU
temporary	TEMP	traffic	TRF
total	TTL	you	U
your	UR	will	WL

五、常用字母、图像、符号

原词	速记符号	原词	速记符号
people/person（人民）	o	Janpanese	JPo
government/govern（政府）	G	governmental official	GZ
politics/political（政治）	P	politician	PZ
efficient/effective（效率）	E	inflation（通货膨胀）	Q
victory/win/success（胜利）	V	leader/head（领导人）	L
agriculture（农业）	A	business（商业）	B
conflict/confrontation（冲突/矛盾）	C×	work/employ（工作/职业）	W
industry/industrial（工业）	i	treaty/agreement（合同/协议）	U
bilateral（双边的）	2&	trilateral（三边的）	3&
unilateralism（单边主义）	1&	multiple（多边主义的）	M&
谈判破裂	× &	country/state/nation	□
import（进口）	→ P	outport（出口）	← P
chair/host/preside over（主持/主办）	Ch	chairman/host（主席、主持人）	Ch o
contact/exchanges（联系）	∞	fishery（捕鱼业）	∞
head of government/company	HG	international/worldwide/global/universal（国际的/世界的/全球的）	⊕

续表

原词	速记符号	原词	速记符号
as we all know/ as is known to all/as you have already heard of（听到/众所周知）	AK	meeting/conference/negotiation/seminar/discussion/symposium（会议/开会）	⊙
pleasant/joyful/happy/excited（开心的/高兴的/兴奋的）	J	unsatisfied/discomfort/angry/sad（不满的/不舒服/生气的/难过的）	☹
indifferent/apathetic/unconcern/don't care much（漠不关心的/无动于衷）	XC	total/totally/entire/entirely/on the whole/all in all/to sum up（总值/总数）	Σ
go into/arrive at/give to/send to/present to（到达/传达）	g→	lead to/result in/in the direction of（导致/引导）	→
come/go back to/originate（追溯到）	←	be/come from/return/receive from（来自）	f←
launch/open/start（发射/投放/发行）	↗	develop/strengthen/promote/boost/improve/enhance（发展/加强/推进）	↑
up/upward/rise/increase/arise/ascend（上升）	↑	ups and downs/twists and turns/roller coaster（波折）	∽∽∽
submit to（屈服）	↓	exchange/mutual（交流）	&
a match /rival /competitor/counterpart/against（对手）	VS	many/lots of/a great deal of/a good many of/plus（多/加之/加上/补充）	+

续表

原词	速记符号	原词	速记符号
more ("多的"比较级)	++/+2	most ("多的"最高级)	+3
little/few/lack/in short of/be in shortage of/minus (少/减去/除去)	-	about/around/or so/approximately (大约)	≈
bigger/larger/greater/more than/better than (大于/多于/好于/优于)	>	less/smaller (小于/少于/差于/劣于)	<
superior to/surpass (高于)	∧	inferior to(低于)	∨
among/within (在……之间)	( )	but/yet/however (转折)	∧
cross out/eliminate (否定/消除)	/	question/issue (问题/疑惑/难题)	?
wonder/miracle/pay attention to (惊叹/奇迹/注意)	!	matchless/peerless (无敌)	≠
say/speak/talk/marks/announce/declare (说/认为/希望)	:	end/stop/halt/bring sth to a standstill/stop (结束)	//
right/good/famous/well-known (对的/著名的/有名的)	√	wrong/incorrect/something bad/notorious/negative (错误的/坏的/臭名昭著的/否定的)	×
stand up for/support/agree with sb/certain/affirmative(同意)	Y	not agree/disagree (不同意)	N

续表

原词	速记符号	原词	速记符号
thought(想法)	*	important/best/outstanding/brilliant(重要的/优秀的)	☆
very/extremely(很,非常)	+	under the circumstance(在……的条件/情况下)	—
means/that is to say/in other words/the same as/be equal to(即/等于/相当于/同等)	=	be different from(不同/不等于)	≠
and/together with/along with/accompany/along with/further more(和/与)	&	belong to(属于)	∈
basis of/perpendicular/be perpendicular to(……的基础)	⊥	therefore/so/as a result/consequently(所以/结果)	∴
because/because of/due to(因为/由于/多亏)	∵	hear/listen(听说)	☉
about(关于)	@	parallel	//
water	H_2O	for	4
to	2	without	w/o
with	w/	plus/minus	+/−
times	×	so on/etc./and so forth	…
divided by	÷	circle/circumference	○

续表

原词	速记符号	原词	速记符号
degree	℃	ellipse	0
percent	%	diameter	⊖
per thousand	‰	triangle/delta	△
between	|.|	inside/within/include/among	( )
maintaining peace and stability	◎	empty	O
as always/hold on/persist/insist on（一直/总是/一贯）	≡	pressure/influence	⊥
on the other hand/or（或者）	/	right angle	∟
representative/delegation/delegation	△	ocean/sea/river/lake/brook/stream（江河湖海）	∽
hills/mountain（山）	ω	climb the mountain	ω̇
山水之间	ω/∽	before/beyond/in front of	·|
above/on/over	⌣	below/beneath/under	⌢
table/desk/house/building/bed（桌/凳/房/楼/床）	⌒	在椅子上	⊓
在桌子下	⊔	look/look after/look into/investigate/witness	⊙
资本主义	资'	四个现代化	4m
peace-keeping	维p	第三世界	3w

六、较长单词的速记符号

词尾	缩写	原词	速记符号
-ism	m	socialism	Sm
-tion	n	standardization	stdn
-cian	o	technician	techo
-ing	g	marketing	MKTg
-ed	d	accepted	acptd
-able/ible/ble	bl	available	avbl
-ment	mt	amendment	amdmt
-ize	z	recognize	regz
-ful	fl	meaningful	mnfl

七、机构简写

原词	速记符号	原词	速记符号
Asia-Pacific Economic Cooperation（亚太经合组织）	APEC	Ministry of Foreign Affairs（外交部）	MFA
Gross Domestic Product（国内生产总值）	GDP	Gross National Product（国民生产总值）	GNP
Asian Development Bank（亚洲开发银行）	ADB	Association of Southeast Asian Nations（东南亚国家联盟）	ASEAN
Committee of European Economic Cooperation（欧洲经济合作委员会）	CEEC	Committee on Trade Cooperation（贸易合作委员会）	CTC

续表

原词	速记符号	原词	速记符号
European Union（欧盟）	EU	European Economic Community（欧洲经济共同体）	EEC
European Monetary Union（欧洲货币联盟）	EMU	International Atomic Energy Agency（国际原子能机构）	IAEA
International Monetary Fund（国际货币基金组织）	IMF	North Atlantic Treaty Organization（北大西洋公约组织）	NATO
United Nations（联合国）	UN	Food and Agricultural Organization of the United Nations（联合国粮农组织）	FAO
International Labor Organization（国际劳工组织）	ILO	United Nations International Children's Emergency Fund（联合国儿童基金会）	UNICEF
United Nations Development Programme（联合国国际开发计划署）	UNDP	United Nations Educational, Scientific and Cultural Organization（联合国教科文组织）	UNESCO
World Health Organization（世界卫生组织）	WHO	World Trade Organization（世界贸易组织）	WTO
China International Import Expo（中国国际进口博览会）	CIIE		

参 考 文 献

[1] 鲍刚. 口译理论概述 [M]. 北京：中国对外翻译出版公司，2005.
[2] 陈媛. 交替传译的笔记语言选择 [J]. 内蒙古师范大学学报（哲学社会科学汉文版），2015，44（3）：142-146.
[3] 戴炜栋，徐海铭. 汉英交替传译过程中译员笔记特征实证研究：以职业受训译员和非职业译员为例 [J]. 外语教学与研究，2007（2）：136-144.
[4] 高彬. 英汉交替传译笔记中的语言选择发展规律：基于口译学习者的横向研究 [J]. 中国翻译，2019，40（1）：83-90.
[5] 勒代雷. 释意学派口笔译理论 [M]. 刘和平，译. 北京：中国对外翻译出版公司，2001.
[6] 李侠. 基于英语专业学生的英汉/汉英交替传译笔记实证研究 [J]. 甘肃广播电视大学学报，2020，30（3）：47-51.
[7] 刘和平. 口译技巧：思维科学与口译推理教学法 [M]. 北京：中国对外翻译出版社，2011.
[8] 刘喜玲.《中国英语能力等级量表》指导下的大学口译教学模式研究 [J]. 河南教育学院学报（哲学社会科学版），2019，38（6）：107-110.
[9] 梅德明. 通用口译教程 [M]. 北京：北京大学出版社，2007.
[10] 穆雷，王巍巍，许艺. 中国英语能力等级量表：口译能力量表研究 [M]. 北京：高等教育出版社，2020.
[11] 塞莱斯科维奇，勒代雷. 口译理论实践与教学 [M]. 汪家荣，李胥森，史美珍，译. 北京：旅游教育出版社，1990.
[12] 赛莱斯科维奇，勒德雷尔. 口笔译概论 [M]. 孙慧双，译. 北京：北京语言学院出版社，1992.
[13] 汤月婷. 基于认知机制的英专学生交传笔记实证研究 [J]. 淮北

师范大学学报（哲学社会科学版），2016，37（5）：131-135.

［14］肖丽. 学生译员英汉交替传译笔记困难实证研究：基于英语专业学生的有声思维调查［J］. 广东外语外贸大学学报，2018，29（1）：59-64.

［15］王建华. 口译心理学［M］. 北京：外文出版社，2016.

［16］王建华，郭薇. 口译笔记认知与非英语专业学生交传质量的相关性［J］. 外语与外语教学，2015（4）：68-74.

［17］王巍巍，王轲，张昱琪. 基于CSE口译量表的口译自动评分路径探索［J］. 外语界，2022（2）：80-87.

［18］王文宇，周丹丹. 口译笔记内容与口译产出关系的实证研究［J］. 解放军外国语学院学报，2014，37（2）：115-121，160.

［19］徐琦璐. 交替传译中笔记语言选择的实证研究［J］. 南通大学学报（社会科学版），2011，27（5）：84-88.

［20］吴钟明. 英语口译笔记法实战指导（第三版）［M］. 武汉：武汉大学出版社，2019.

［21］张志新. 口译学员交传笔记特征及发展趋势研究［J］. 长春师范大学学报，2018，37（9）：81-85.

［22］周金华，董燕萍. 口译笔记熟练度量表的开发［J］. 外语教学与研究，2019，51（6）：925-937，961.

［23］DAM H V. Interpreters notes: on the choice of language［J］. Interpreting: international journal of research and practice in interpreting, 2004,6(1):3-17.

［24］GILE D. Basic concepts and models for interpreter and translator training. Amsterdam/Philadelphia: John Benjamins, 1995.

［25］MIKKELSON H. Consecutive interpreting［J］. The reflector, 1983(6):5-9.

［26］ROZAN J F. Note-taking in consecutive interpreting［M］. Geneve: Georg, 1956.

［27］SELESKOVITCH D. Language and memory: a study of note-taking in consecutive interpreting［M］// The Interpreting Studies Reader. London/New York: Routledge, 2002.